人言詞話

賞析古代中國六十位宋詞名家

序　詞是可歌唱的曲

我國五、七言的詩，在唐代盛極一時，成為文人日常淺吟低詠的營養品，也是士大夫學識深淺的度量衡，每位詩人總希望自己的作品能夠廣為流傳，融入管絃，切合絲竹，遍及民間，盡人皆知，到處吟唱，庶可引以為榮，然而再好的詩，也不見得每首的音韻都能和聲協律、合乎管絃節奏，讓人引吭高歌、隨唱起舞，因此詩人就吸收了當代里巷民謠、啫歌俚曲、胡調夷音，將詩的韻調格局，配合大眾需要，加以修飾改良，詞乃應運而生。

所以說，詞是中國文學長河中的一段流程，是文人結合時代要求，精心創作的一種可歌可詠的樂曲，在詞句上可粗可細，詞意上可隱可顯，詞量上可長可短，詞義上可深可淺，有人謂之「詩餘」、「長短句」，但並不周延，亦欠切題。

詩賦到了唐代，好比桃李逢春，含苞綻放，芬芳撲鼻，令人激賞；當群芳競艷盛開之後，蒂頭必然結下如豆果實，令人期待，此乃自然現象。而人類文明，也是如此，隨著時光的遞嬗，每個階段有每個階段的特色，環環相扣。陳廷焯《白雨齋詞話》言：「詞興於唐，盛於宋，衰於元，亡於明。」說得不無見地，所以我們常有「唐詩、宋詞、元散曲、明小說」之說，並非偶然。

因此，正如我們當代所唱的流行歌，有「曲譜」、也有「歌詞」，簡言之，唐代以後的詞，就如當下國語歌曲的歌詞，先寫詞，後譜曲，不過在古代，詞句是可以按曲譜填入，或另作「新聲」，所以寫詞叫填詞，在巷里民間，能朗朗上口、呀呀和聲、切切合曲的歌詞，就是「詞」，但是若干文人，要表示與「下里巴人」有所差別，自認是「陽春白雪」之作，遂刻意雕琢，精心創設，把每闋詞中，規劃為：韻、葉、句、豆、換、疊、闋、對句、平句、仄句、拗句、七言句、五言句、句法等名稱，公認每首五十八字以內者曰小令，五十九字至九十字者曰中調，九十一字以上者曰長調，每個調名的字數、格律均不相同，品質內涵的格調，訂得很複雜，把它變成文人的專利商標、精緻特產，成為市井小民、歌伎舞孃只能附和詠唱、不懂創作的一種高貴奢侈品。

但是，任何文學，都是要迎合大眾口味的，往昔的廟堂、貴族、皇家文學，必然會隨著時代的進步而演變革新。作者自童稚時讀詩研詞，就把它當作欣賞精美的古董，把玩稀世的珍寶，揣摩前人的思想、探索進化的軌跡，所以將閱讀六十位詩人的作品心得，彙為《人言詩話》，由臺灣商務印書館出版，今復將閱讀詞人的傑作，略敘其生平，撰寫讀後賞析之淺見，每篇一位，計六十篇，結集付梓，定名《人言詞話》，就教於讀者諸君。

這六十位詞人，自張志和至納蘭性德，橫跨唐、宋、金、元、明、清數朝，其中由於詞盛於宋，因此所舉詞人多集中在南北宋之間，有些是眾所周知的文豪，作品也為大眾所熟悉，有些名氣不揚，但是作品卻各領風騷，實不容小覷，所以就筆者所熟知者，加以介紹，以詞言詞，略敘賞析心得，以管窺天，自知有自不量力之感，但是這六十位詞人，各具特色，幾乎可說是各代的抽樣代表人物，其作品亦足可供作樣品，閱罷本書，當可一窺我國詞園風貌，詞壇旌旄。

蓋自宋至金元，其間宋代詞客有一千三百三十餘位，填詞一萬九千九百多闋；金元兩代有詞客兩百八十二人，創作七千二百九十三闋，到了明、清兩代，詞風雖告式微，仍有上百位詞人，繼續填吟，歷來有關詞評、詞話之著作，亦不下百卷，前賢如許心血著作，詞海無邊，個人想竟一生精力，恐亦無能卒讀，何況筆者譾陋，俗務紛雜，縱然多年披閱，辛勤搭記，也僅拔九牛之一毛，是故不揣野叟獻曝，寵承當代詩詞歌曲方家鄧鎮湘先生精心校訂，修正補闕，篩濾考異，得以彌縫填隙，減少缺失，無奈年代久遠，史料浩瀚，其中謬誤之處，仍然勢所難免，尚祈讀者不吝曲涵郢正，則感激毋盡矣！

目錄

我國最早的詞人——張志和

根據文獻，我國現存古代文人所作的詞，大概是從晚唐和五代時期開始才有，當時他們既寫詩，也填詞，像韋應物、王建、劉禹錫、白居易、蘇東坡諸名家，吟詩賦詞，猶如現代有些作家既寫小說又寫散文一樣，後來詞風大盛，文人遂以填詞蔚為雅趣時尚，那已經是從五代進入宋朝的光景了。

最早在詞壇崛起的詞人沒有幾個，而張志和乃是其中的姣姣者，使當時的名人如陸羽、顏真卿、徐士衡、李成矩等都為之折服，他賦了一闋〈漁歌子〉又名〈漁父〉，和者竟有二十五闋，他首先以漁家情景入詞之後，後來在五代初宋遂有許多作者仿他吟詠漁家生活，而且以〈漁歌子〉作為詞牌，可見他的影響力有多大。

張志和（七三〇——八一〇），原名龜齡，字子同，金華人，十六歲就參加科舉，明經擢第，唐肅宗嫌其名字難書，乃賜名志和，派任左金吾衛錄事參軍等官職，可是他天生文人氣質，自由不羈，在官場上與長官的志趣不和，竟被貶職他鄉，後來雖蒙赦還，但是他從此不想從政了，決心放浪江湖，自號「烟波釣徒」，遊山玩水、吟詩賦詞、寫字繪畫、吹笛擊鼓、垂釣修煉，真有十項全能之概。唐人李德裕評他是：「隱而有名，顯而無事，不窮不達，嚴光之比。」把他與嚴光並比，在《隱逸史》、《列仙傳》、《唐朝名畫錄》諸史中，都有他的大名。

晚唐藩鎮割據，天下不靖，許多有識之士，往往退隱不仕，明哲保身，張志和是個聰明人，及時側身江湖，漁樵度日，當時皇帝還鑾想念他的才華，派人到處尋訪，還送他一對男女做奴婢，他仍然毫不動心，絕意仕途，當時他賦的那五闋〈漁歌子〉，歷來評者都說他寫得瀟脫飄逸。有景有色，入詩入畫，可圈可點、但殊不知他是在詞中揭示了「五不」以明志，我們看他最著名的第一闋：

「西塞山前白鷺飛，桃花流水鱖魚肥。青箬笠，綠簑衣，斜風細雨不須歸。」

那五闋中每一闋的第五句各為「斜風細雨不須歸」、「長江白浪不曾憂」、「笑看荷衣不嘆窮」、「醉宿漁舟不覺寒」、「樂在風波不用仙」，這不須歸、不曾憂、不嘆窮、不覺寒、不用仙，五個「不」字，表達了他對宦途的絕望與婉拒的決心，藉漁父扁舟逐流、隨遇而安的樂趣，告訴朝廷，不要再來打擾我了，官場那一套，我是看膩也看厭了。

張志和在江湖之中過著隱逸的生活，閒時還著了一部《玄真子》十二卷三萬餘言，談論養生修道的功夫，因此自己也號玄真子，史傳他修煉得道，可以飲酒三斗不醉，裸身雪中不寒、躍入水中不濡，把他看成神仙，在古代居然能活到八十歲，是相當難得的壽翁了。

只可惜年代太久，他的詞留下來的不多，僅剩下五闋〈漁父〉，倒是有不少名人和了他的詞，如五代的李珣、孫光震、李煜，宋代的蘇軾、黃庭堅、向子諲、朱敦儒等人，都有仿和他的〈漁父〉，如蘇子瞻的〈浣溪紗〉：「西塞山前白鷺飛，散花洲外片帆微。桃花流水鱖魚肥，自蔽一身青箬笠，相隨到處綠簑衣，斜風細雨不須歸。」黃庭堅也有一闋：「西塞山前白鷺飛，桃花流水鱖魚肥。朝廷倘覓玄真子，何處如今更有詩?青箬笠、綠簑衣，斜風細雨不須歸，人間欲避風波險，一日風波十二時。」宋代江西派名詩入東湖居士徐俯也有一闋〈鷓鴣天〉：「西塞山前白鷺飛，桃花流水鱖魚肥。朝廷若覓玄真子，晴在長江理釣絲。」

唐代漢學傳入日本，張志和的詞也啓發了日人填詞的風尚，嵯峨天皇曾填有五闋〈漁歌子〉，其臣僚也奉和作了七闋，都是以張志和的原詞作為藍本而作，可見這位最早的詞人是有多麼了不起。

花間詞派的鼻祖——溫庭筠

「花間詞派」出自西蜀趙崇祚編的我國第一部「詞總集」——《花間集》，收有溫庭筠、皇甫松、孫光憲、韋莊、張泌等十八位詞家的五百闋詞，書名摘自張泌的「還似花間見，雙雙對對飛」中的「花間」二字。顧名思義，歷來文人均以鮮花喻美女，集中各詞，大都描寫閨怨悱惻，敘述思情纏綿；用詞莫不鏤玉雕瓊，裁花剪柳；人物不離綺筵公子，繡幌佳人，故謂之花間，甚為切題。

其中以溫庭筠的詞最多，有六十六闋，而且寫得最綺麗繁華，精妙絕俗，影響當時的許多詞人，爭相仿效，對五代與宋朝的詞風，掀起一股高潮，所以後人譽他為花間詞派的鼻祖，實當之無愧。

溫庭筠：原名岐，字飛卿，山西人，原是一位音樂家，所以善於作詞譜曲，《唐書》

說他「能逐絃吹之音，為惻豔之詞」，擅長描寫離情別緒、幽怨愁悶的意境。其文思敏捷，出口成章，無人能比。晚唐考試，律賦八韻一篇，他一叉手即可吟得一韻，八叉手就完成八韻，故時人稱為「溫八叉」，與「曹七步」媲美。

可惜其貌不揚，卻又恃才傲物，以致官運不濟，屢試不第，當初他與宰相令狐綯結識，原應前途大好，令狐綯非常欣賞他的才華，請他代寫二十闋〈菩薩蠻〉詞呈獻皇上，吩咐不要張揚，豈料他不知輕重，居然對友人透露，使令狐綯怒不可遏，從此也就斷送了他的前程，一輩子考不上科舉，為生活奔波，只混個地方小官吏度日，最後當任國子助教，在監試時又因主持公道而招上怨，被貶為方城尉，鬱鬱不得志，《唐才子傳》說他「竟流落而死」，得年約六十餘歲（？—八六六）。

他雖然在宦場失意，也因此可讓他從事詩詞的創作，詩與詞猶如他的雙翼，平衡發展，俱領風騷，他之所以被譽為花間派鼻祖，我們可以從他的詞句中得到答案。他的腦海中幾乎都存在一群名門閨秀、娼家美女、官府小姐、富户千金，所以形容她們的妝扮起居，都是「玉簪斜插雲鬟」、「雙鬟翠霞金縷」、「錦帳繡帷斜掩」、「羅幕翠簾初捲」，以及「宿妝惆悵依高閣」、「鬢雲欲度香腮雪」、「杏花含露團香雪」；另如有關女性的用具如玉釵簪、金縷鳳、金鳳凰、金翡翠、金鷓鴣、金翠釵、金雀釵、金霞鈿、頗黎枕、流蘇帳、鴛鴦錦、繡羅襦……，幾乎無處不見，他的筆下所描寫的女子，沒有一個不美豔多情，千嬌百媚，始終找不到一個樸質的村姑。

更令人訝異的是，溫庭筠描寫相思傷感的形容詞總喜歡用「斷腸」二字，平均兩闋詞就有一處斷腸，請看：

〈荷葉杯〉：「綠莖紅豔兩相亂，腸斷，水風涼。」〈河傳〉：「春巳晚，鶯語空斷腸。」另一闋：「垂玉腕，腸向柳絲斷。」〈夢江南〉：「斜暉脈脈水悠悠，腸斷白蘋洲。」〈思帝鄉〉：「羅袖畫簾斷腸。」〈遐方怨〉：「未得君書，腸斷，瀟湘春雁飛。」〈清平樂〉：「南浦鶯聲斷腸。」〈玉蝴蝶〉：「搖落使人悲，斷腸誰得知？」〈南歌子〉：「憶君腸欲斷。」〈楊柳枝〉：「杏花未肯無情思，何事行人最斷腸？」另一闋：「正是玉人斷腸處。」〈定西番〉：「腸斷塞門消息，雁來稀。」〈酒泉子〉：「淚痕新，金縷舊，斷離腸。」……

這句斷腸，源自東晉，有一桓姓官員乘船入蜀，江邊捕獲一隻小猿猴，母猴沿岸逐船啼號，到三峽近岸時躍入舟中救兒，不幸體力不支而死，船夫剖其腹，發現猴腸巳經斷成好幾節，因此後人形容憂傷悲戚至極曰「肝腸寸斷」。用於詩詞者，最初是漢代蔡文姬〈胡笳十八拍〉中：「空斷腸兮思愔愔！」後來曹丕〈燕歌行〉有句「念君客遊思斷腸」，李白也有詩句：「雲雨巫山枉斷腸」，至於在詞中廣泛使用「斷腸」的形容詞，只有溫庭筠，他人尚屬少見。

花間派曲子相公——和　凝

史上姓和的名人不多，據《通志》云：「以名為氏。和氏，羲和，堯時掌天地之官，和仲、和叔，因以為氏。」大家都知道有「和氏璧」，還有清朝貪官和珅，其實和珅並非姓和，他姓滿洲的鈕祜祿氏，如果認他姓和，那是有玷和氏。

在我國古代詩詞名家中找不到第二位姓和的，但是和凝這位詞家，在五代時期卻是大大有名，他長得英俊挺拔，臨機應變，才思敏捷，雅善音律，長於短歌，擅填豔曲。十七歲舉明經，十九歲登進士，少年得志，歷仕梁、唐、晉、漢、周五代，五朝元老，官居宰相，位極人臣，是當代一位大人物。

在五代十國的年代，天下紛亂，朝不保夕，許多文人，莫不寄情花柳，徘徊歌榭，面對嬈姣美女，胸懷藻辭麗句，和凝筆下，自然少不了纏綿悱惻、繾綣綺靡的佳作，跟溫庭筠的文思同軌，所以他也有二十闋詞被錄入《花間集》中。

讀和凝的詞，會令人有一種心神怡曠、情意恍惚之感，用詞遣字，極為唯美；敘情描愛，相當露骨，說得坦率一點，猶如閱讀現代之言情小說，對男歡女愛，情海慾波，刻畫很深，用心良苦。這也難怪當他後來身居要職，自覺少年孟浪，極力搜回舊作予以焚毀。據北宋沈括的《夢窗筆談》說他原有一冊《香奩集》，專詠閨閣綺事，為免落人口實，有玷官譽，乃托名韓偓所著，真偽存疑。

他有五闋〈江城子〉，單獨讀來還不覺得怎麼樣，如果五闋連接起來看，那就是一篇完整的男女幽會的敘情文。請看原文：

「初夜含嬌入洞房，理殘妝，柳眉長。翡翠屏中，親口玉爐香。整頓金鈿呼小玉，排紅燭，等潘郎。斗轉星移玉漏頻，已三更，對栖鶯，歷歷花間，似有馬蹄聲，含笑整衣開綉户，斜斂手，下階迎。迎得郎來入綉閣，語相思，連理枝，鬢亂釵垂，梳墮印山眉，婭姹含情嬌不語，纖玉手，撫郎衣。帳裡鴛鴦交頸情，恨鷄聲，天巳明，愁見街前，還是說歸程，臨上馬時期後會，待梅綻，月初生。竹裡風生月上門，理秦箏，對雲屏，輕撥朱弦，恐亂馬嘶聲，含恨含嬌獨自語，今夜約，太遲生。」

他用少女暗會潘郎的口吻，從等待、階迎、交頸、天明、分離、後會、怨遲的女性心理，描寫得絲絲入扣，猶在幽會中的婦女，讀來必定倍感親切，而和凝能夠把幽會的過程寫得這樣細膩傳神，肯定是他自已親身經歷的韻事，這詞中所說的「潘郎」，恐怕就是和凝自身的代名詞，在另一闋〈楊柳枝〉詞中，他就坦率地說：「鵲橋初就咽銀河，今夜仙郎自姓和。」你看，這不是把仙郎是「姓和」的人指出來了麼？

和凝不但填詞少不了花間姹紫嫣紅，而且處處春色無邊，所以詞中偏愛「春」字，讓我們來檢視一下：

〈天仙子〉：「桃花洞，一片春愁誰與共？」另一闋：「洞口春紅飛蔌蔌。」〈何滿子〉：「寫得魚箋無限，其如花鎖春暉。」〈望梅花〉：「春草全無消息，臘雪猶餘蹤跡。」〈春光好〉：「睡起四肢無力，半春閒。」另一闋：「春水無風無浪，春天半雨半晴。」〈採桑子〉：「無事嚬眉，春思翻教阿母疑。」〈菩薩蠻〉：「離恨又迎春，相思誰重陳。」〈喜燕遷〉：「春態淺，來雙燕，紅日漸長一線。」〈山花子〉：「春思半和芳草嫩，碧萋萋。」〈臨江仙〉：「海棠香老春江晚。」另一闋：「肌骨細勻紅玉軟，臉皮微送春心。」〈小重山〉：「春入神京萬木芳。」等等，反正他好像都活在春天裡，筆下少不了春字。

和凝（八九八—九五五），山東人，是《花間集》中唯一入選的中原詞人，做官謹慎小心，填詞唯美含情，時人常譏馮道善於奉迎，身為五朝元老，往往忽略了這位詞人，其為官之道，並不亞於馮道。

蜀中文學散花人——韋　莊

蜀人趙崇祚所編《花間集》的十八位作家中，除了溫庭筠、皇甫松、孫光憲、和凝之外，幾乎全是蜀地人士，而溫庭筠堪稱花間派的祭酒，韋莊則可算是花間派的散花人，因為他的詩詞不但在蜀地流行，而且擴散及中原，詞風披靡，如天女散花，使南唐二主等詩人，深受感染。

韋莊（八三六—九一〇），字端己，陝西人，唐代詩人韋應物的第四代孫，前時韋家顯赫，是京城大户，到了韋莊這一代，漸趨沒落，家道衰微，所以韋莊前半生過著貧困的生活，加上屢試不第，使得他粗曠不拘，任性自用，中年時又逢黃巢造反，國事蜩螗，民不聊生，他有感而寫了一首長達一千六百六十六字的長詩〈秦婦吟〉，名噪一時，與〈孔雀東南飛〉、〈木蘭詞〉，史稱「樂府三絕」。不過其中有些句子誇飾太過，如云：「內庫燒為錦繡灰，天街踏盡公卿骨。」引起百官不悅，他趕緊搜焚稿件，嚴禁家人傳誦。

他到五十九歲才考上進士，後來入蜀追隨王建稱帝蜀中，代為頒訂典章制度，官居宰相。鄭方坤《五代詩話》中談他和韓偓、羅隱二詩人是「華岳三峰」，文名遠播。又因為他以一首〈秦婦吟〉聞名，故後人稱之為「秦婦吟秀才」，與「山抹微雲秦學士」、「露花倒影柳屯田」、「雲破月來花弄影郎中」、「紅杏枝頭春意鬧尚書」、「暗香疏影先生」等人齊名。

韋莊的詞，評者極眾，以王國維《人間詞話》謂：「溫飛卿之詞，句秀也；韋端己之詞，骨秀也。」以及陳廷焯《白雨齋詞話》謂：「韋莊詞似直而紆，似達而鬱，最為詞中勝境。」二人評語最為中肯，他雖與溫飛卿並肩花間，合稱溫韋，但他的詞和溫詞的韻味顯有差別；溫詞寫女性著重客觀上的品貌裝飾，韋詞則較多流露主觀的真情深意；溫詞多以上流社會為體裁背景，韋詞則接近民歌民俗，比較平民化；溫詞首尾含意一貫，韋詞則偶有前後矛盾。我們看他那五闋堪與和凝的五闋〈江城子〉媲美的〈菩薩蠻〉聯章體；和凝的詞五闋前後銜接，一氣呵成，可是韋詞則五闋各立門户，且語氣反覆，如云：「人人盡說江南好。」

又接著說：「未老莫還鄉，還鄉須斷腸。」如云：「如今卻憶江南樂。」又接著說：「此度見花枝，白頭誓不歸。」到底江南好不好？未老歸不歸？

史上傳說韋莊在蜀為相時，有一妾美而能詩，甚得寵愛，不料被主子王建以輔導後宮妃子為由，宣她入宮，占為己有，韋莊無奈，不時思念，填詞敘感，在鄭振鐸《中國文學史》中說他填的是〈荷葉杯〉：「記得那年花下，深夜。初識謝娘時。水堂西面畫簾垂，攜手暗相期。惆悵曉鶯殘月，相別。從此隔音塵。如今俱是異鄉人，相見更無因。」中國文學網中卻說填的是另一闋〈小重山〉：「一閉昭陽春又春，夜寒宮漏永。夢君恩，卧思陳事暗消魂。羅衣濕，紅袂有啼痕。歌吹隔重閽，繞庭芳草綠，倚長門。萬般惆悵向誰論？凝情立，宮殿欲黃昏。」這第二闋還算比較切題，愛人被君王所奪，只有凝立宮外看黃昏，別無他法，不過，我們也不必太替韋莊難過，因為根據考證，王建並非奪人所愛的人，何況是他倚重的開國大臣的愛妾？那件事只是後人揣摩韋莊的詞意，纏綿悱惻，因而編出來的一段故事罷了。

韋莊的詞，確是清新雋永，意純情真，順暢通達，平易近人，試看這闋〈女冠子〉：「四月十七，正是去年今日。別君時，忍淚佯低面，含羞半斂眉。不知魂已斷，空有夢相隨。

除卻天邊月，沒人知。」把一個情深意虔、思念愛人的少女，寫得既生動，又可憐、更可愛，真令人有「我見猶憐」之感。

珠簾錦帳相思否——馮延巳

「日日花前常病酒，不辭鏡裡朱顏瘦。」相信愛詞的人對這兩句不會太陌生，它是馮延巳的佳句，可說也是他生活的自述。

馮延巳（九〇三—九六〇），又名延嗣，字正中，江蘇人。他那個延巳的「巳」字，是地支的第六位，非己亦非已，有些版本搞錯了，已巳不分，我們看他又名延嗣的嗣字和巳字諧音，而且他字正中，也就是接近中午的巳時，所以他的名字讀音應是「延嗣」或「延似」，如果唸成「延己」或「延以」，那就不對了。

他與南唐李家的關係密切，父弟均為大官，李璟即位後，他累官至宰相，只是在朝中結黨分派，與孫晟等不和，被反對黨將他和魏岑、陳覺等五人稱為「五鬼」，那是政治問題，在文學上，他確是一位多才多藝的人物，不僅文章、詩詞寫得好，書法也很有名氣，連反對黨的孫晟也甘拜下風，《南唐書》載孫晟曾對他說：「鴻筆藻麗，十生不及君；詼諧歌酒，百生不及君；諂媚險詐，累劫不及君。」從與他敵對者的口中說出這樣的評語，可見一斑。

延巳的詞，另有一番境界，與花間派有所差異，可說是因循出新，跨越花籬，不再只圍繞在美人身上繞圈子，好像打開窗扉，捲起繡簾，讓詞風吹向窗外的感覺，他那委婉纏綿的情思，綺麗清雋的詞藻，隱涵沉鬱悽切的意緒，表達男女譴綣懷念的幽怨，對後代的影響非常廣泛，王國維《人間詞話》云：「馮正中詞雖不失五代風格，而堂廡特大，開北宋一代風氣。」言之不差。

這位詞人，似乎格外欣賞劉禹錫〈陋室銘〉中的「苔痕上階綠，草色入簾青」二句，和唐代詩人李嶠的一首五言詩〈簾〉，所以筆下填詞，心中裁景，總離不開繡簾、捲簾、掩簾、垂簾、掀簾，好像他所描寫的女性，總在做「一簾幽夢，畫簾幽情」的遐思。因此他的詞幾乎都採用簾幃做婦女的襯景，試舉例來看：

〈更漏子〉：「簾幕裡，青苔地，誰信閒愁如醉？」〈拋球樂〉：「霜積秋山萬樹紅，倚簾樓上挂朱櫳。」另一闋：「池塘水冷鴛鴦起，簾幕煙寒翡翠來。」〈采桑子〉：「玉堂香暖珠簾捲，雙燕來歸。」又：「月上雲收，一半珠簾挂玉鈎。」又：「風微簾幕清明近。」又：「月透簾櫳遠夢回。」又：「林間戲蝶簾間燕。」又：「西風半夜簾櫳冷。」〈臨江仙〉：「畫樓簾幕捲輕寒。」又：「夕陽樓上繡簾垂。」又：「簾捲雙鵲驚飛去。」〈憶江南〉：「今宵簾幕楊花陰。」〈鵲踏枝〉：「開眼新愁無問處，珠簾錦帳相思否？」〈醉花間〉：「獨立階前星又月，簾櫳偏皎潔。」又：「屏掩畫堂深，簾捲蕭蕭雨。」〈醉桃源〉：「花露重，草烟低，人家簾幕垂。」〈采桑子〉：「畫堂紅暖簾櫳卷。」〈南鄉子〉：「簾卷曲房誰共醉？」〈思越人〉：「翠幕簾櫳畫閣。」〈酒泉子〉：「珠簾風、蘭燭燼、怨空閨。」〈酒泉子〉：「廊下風簾驚宿燕。」〈清平樂〉：「小閣畫簾高捲。」〈菩薩蠻〉：「繡簾時拂朱門鎖。」〈虞美人〉：「碧波簾幕垂朱户，簾下鶯鶯語。」〈舞春風〉：「燕巢時簾幕捲，鶯鶯啼處鳳樓空。」……他詞中用的簾幕太多太多了，舉不勝舉，奇怪的是，他詞中的布景，好像始終離不開畫樓繡閣，那麼畫樓繡閣之中，總要有一些裝潢點綴，而在馮延巳的心目中，畫樓繡閣裡如果不掛上窗簾、風簾、繡簾、捲簾、珠簾、畫簾等簾幕羅幃，簡直就不美觀、不雅致、不幽邃、不浪漫，難怪每闋詞中都要垂簾、捲簾、攀簾、掩簾、穿簾……，把簾幕當成他詞中不能或缺的道具了。

他的詞空間取景如斯；他的詞所描寫的時間，絕大多數是以黃昏和月夜為主，因為每首詞中，不是落盡燈花、水殿燈昏，就是窗月徘徊、月透簾櫳，要不就是一夜東風綻早梅，夜夜夢魂休謾語，在他的意念中，大概總認為月下、燈前、夜間，才是最瑰麗、最旖旎、最有情調的時空吧！

承先啟後一詞宗——李　煜

舒夢蘭《白香詞譜》說李煜的詞：「實集唐五代之大成，並開兩宋詞學之先河。」對李詞推崇備至，《白香詞譜》一百篇，李煜的詞就錄占六篇，可見份量之重。

李煜（九三七—九七八），南唐第五代帝王李璟的第六子，目有童瞳，故字重光，徐州人，璟死，繼位於京陵，後人稱南唐後主，當時趙匡胤已在汴京登基，是為宋太祖，李煜進貢朝賀，在位十五年。西元九七四年曹彬攻陷京陵，李煜歸降，被俘至汴京，封違命侯。至宋太宗（九七六）進封隴西郡公，九七八年七夕，李煜四十二歲生日，宋太宗賜宴，當夜死亡。據宋儒王至撰《默記》中說：宋太宗厭其新詞有「故國不堪回首月明中」之句，乃以牽機藥賜死，死狀至慘。

這位南唐後主：精書畫，諳音律，工詩文，善填詞，性驕侈，好聲色，喜浮圖，為高談，不恤政事。沈雄《古今詞話》云：「後主疏於治國，在詞成就，不失南面王，為詞史上承先啟後之宗師。」王國維《人間詞話》說：「詞至李後主，而眼界始大，感慨遂深。」可見唯一可取的是他的詞，所謂「國家不幸詩家幸，話到滄桑語始工」。現存其詞四十四闋，其中有與他人重複及偽作的六闋，實則只剩三十八闋，其實他填的詞不止此數，大多散佚。

李煜的詞，的確雋永秀雅，令人喜愛，雖然已隔一千多年，名句仍舊膾炙人口，如：「尋春須是先春早，看花莫待花枝老。」「還似舊時遊上苑，車如流水馬如龍。」「自是人生長恨水長東。」「別時容易見時難，流水落花春去也，天上人間。」「剪不斷，理還亂，是離愁。」「一片芳心千萬緒，人間沒個安排處。」「斜托香腮春筍嫩，為誰和淚倚闌干？」像這些佳句，迄今仍然令人琅琅上口。

這位詞人，完全是個公子哥兒、風流倜儻的典型，自幼身處宮中，所接觸的只有宮殿嬪妃，所以他的詩詞，沒有長江大河，沒有名山峻嶺，只有春花秋月，男歡女愛，離情別緒，魂斷夢殘，尤其是對兩性情愛的描述，細膩傳神，無出其右，試看這闋〈菩薩蠻〉：「花明月黯籠輕霧，今宵好向郎邊去。衩襪步香階，手提金縷鞋。畫堂南畔見，一晌偎人顫。奴為出來難，教君恣意憐。」這闋詞把一個少女偷會情郎的動作和心情，描寫得絲絲入扣，栩栩傳神，那種情境，令人暗自神馳。其中第三句「衩襪步香階」，有版本用「剗襪」、「劃襪」、「除襪」，其實應該是「剗襪」，《中文大辭典》：「剗襪，以襪履地也。」女郎為了怕人聽到腳步聲，特地脫了鞋子，穿襪子走路，如用「衩」字，就解釋不通了。

身為國君，不思衛國，竟日沉迷酒色歌舞，宋兵已經浮橋渡江，他還抱著愛妃小周吟「幾曾識干戈？」其實他年輕時曾任諸衛大將軍，諸道副元帥，豈能不識干戈？只能說他是個怯懦又顢頇、好酒又貪色的紈褲子弟，宋太祖說他只配做一個翰林學士，真是一語中的，這個學士，一生都在做豪華而淒涼的夢，難怪他的詞中幾乎都少不了「夢」：

「夢裡不知身是客。」「多少恨，昨夜夢魂中。」「往事已成空，還如一夢中。」「故國夢重歸，覺來雙淚垂。」「暫時相見，如夢懶思量。」「夢回芳草思依依。」「笙歌醉夢間。」「何處相思苦，紗窗醉夢中。」「宴罷又成空，魂迷春夢中。」「欲睡朦朧入夢來。」「閒夢遠，南國正芳春。」「閒夢遠，南國正清秋。」「路遙歸夢難成。」「潛來珠鎖動，驚覺銀屏夢。」甚至一闋〈謝新恩〉中連用兩個夢：「夢留殘日」和「如夢懶思量」，可見他幾乎日夜都在夢魂中。

清儒徐釚輯《詞苑叢談》云：「李後主〈烏夜啼〉詞最為悽惋，詞曰：『無言獨上西樓。』」其實，愚意認為他在國破被俘之時吟的：「最是倉皇辭廟日，教坊猶奏別離歌，垂淚對宮娥。」才真是夠悽慘、夠悲切的句子。

子野無詞不飛花——張　先

說來奇怪，宋代有兩個張先，均字子野，一個生於九九二年，一個生於九九〇年，而且都中了進士；一個是宋仁宗天聖二年，一個是天聖八年；一個是博州高唐人，一個是湖州烏程人；一個善筆札，一個工詞翰，我們要談的是後者。

張先（九九〇—一〇七八），宋代詞人，作品秀麗勁峭，堆花砌玉。他的一生過得頗為安逸，多與文士詩酒交遊，官至都官郎中，曾任安陸縣令，故又有張安陸之稱。鄭振鐸在《中國文學史》中說他：「有技巧而沒有豪邁奔放的氣勢，有纖麗而沒有健全創造的勇氣。」評得頗為中肯。

歷代詩詞作家中，詩人以唐代丘為享壽九十六歲最高，詞人以張先享年八十九歲最長，更特殊的是他在八十歲時還娶了一個十八歲的姑娘，與今代諾貝爾物理獎得主楊振寧八十二歲娶二十八歲的翁帆為妻堪可媲美，不過張先厲害之處在八十歲後，九年中還生了兩男兩女，後人都抱懷疑態度，不相信這則掌故，不過，張先有詩為證：「我年八十卿十八，卿是紅顏我白髮，與卿顛倒本同庚，只隔中間一花甲。」而且他的好友蘇軾還吟詩調侃他：「十八新娘八十郎，蒼蒼白髮對紅妝，鴛鴦被裡成雙夜，一樹梨花壓海棠。」傳為千古韻事。

宋儒陳師道《後山詩話》云：「張先善著詞，有云：『雲破月來花弄影』、『簾幕捲花影』、『墮輕絮無影』，世稱誦之，謂之張三影。」宋人李頎撰《古今詩話》亦云：「有客謂子野曰：『人皆謂公張三中，即心中事、眼中淚、意中人也。』子野曰：『何不目為張三影耶？』客不曉。公曰：『雲破月來花弄影、嬌柔懶起，帘幕卷花影、柳徑無人，墮飛絮無影。』此公生平所得意也。」可知這「張三中」是人家對他的稱號，而「張三影」則是他自己叫出來的號。

這位張三影，詞中用影字者並不多，如花影、鬥影、寒影、無影、窺影、清影、旗影、弄影、曚朧影等數處而已。《全宋詞》中刊錄他的詞作一百七十五闋，其中用「花」字的最多，共用一百一十個字，其他直稱花名的還不算在內，幾乎無詞不飛花，可見他對花卉的獨鍾，一般作者往往忌諱在一首詩詞中重複使用同一個字眼，張先卻在同一作品中重複用「花」字，例如〈天仙子〉：「花接舊枝新蕊吐，……看花歲歲比甘棠。」又如〈木蘭花〉：「人意共憐花月滿，花好月圓人又散。」還有幾闋當中同時用了三個花字，如〈少年遊〉：「常記探花人，……探花人向花前老。」他似乎特別愛花，滿腦子都是花，一下筆，就寫花：閒花、映花、落花、惜花、開花、黃花、殘花、迷花、狂花、纈花、飛花、探花、園花、雜花、雙花、風花、看花、搓花、綵花、憐花、插花、時花、傍花、好花、仙花、簪花、送花、見花、野花等等，還有獨步花、翦煙花、唐昌花、夭非花、三月花、畫堂花、亭下花、南園花、暗飛花、拂菱花、黃蜂花、……太多太多，舉不勝舉。

愛花的張先，在一闋〈菩薩蠻〉中，用了四個花字：「牡丹含露真珠顆，美人折向簾前過，含笑問檀郎：花強妾貌強？檀郎故相惱，剛道花枝好。花若勝如奴，花還解語無？」這闋詞把女人的心理描寫得淋漓盡致，將男女之間的情愛說得細膩動人，雖然詞中連用四個花字，卻絲毫不覺得重複累贅，後人極為欣賞這闋詞，群相仿效，最傳神的要算是明代詩畫家唐寅的詩：「昨夜海棠初著雨，數朵輕盈嬌欲滴。佳人曉起出蘭房，採來對鏡比紅妝。問郎花好儂顏好？郎道不如花窈窕。佳人見語發嬌嗔，不信死花勝活人！將花揉碎擲郎前，請郎今夜伴花眠。」

張先愛以花擬美人：「弄妝人惜花嬌。」「酒上妝面，花豔眉相并。」「妝樣巧將花草競。」他還知花愁花笑，「桃花無語伴相思」，甚至說人還不如花：「不如桃杏，猶解嫁東風。」所以「解語花、人比花嬌」等語都源自張先。

一生贏得是淒涼——柳　永

柳永，初名柳三變，並非如張先因有名句而稱「張三中、張三影」，而是柳家族譜排為「三」字，如他的兄弟叫柳三接、三復、三慎等，他排行第七，又叫柳七，字耆卿，福建崇安人，有才氣卻多次應試均不第，使他匪夷所思。

這位大詞人，由於他放蕩不羈，「平生自負，風流才調」，畢生盡與歌妓藝媛廝混，為寫新詞度新曲，換得倚紅偎綠，鶯摟燕抱，「妓者多以金物資給之」。雖然一生潦倒，他卻樂在其中，甚至還寫「忍把浮名，換了淺斟低唱」。這闋〈鶴沖天〉在當時大噪，唱遍汴京，連仁宗皇帝都知道了，對臣下說讓他：「且去淺斟低唱罷，何必還要浮名？」因此他歷場應試均被除名，遂自稱「奉旨填詞柳三變」，後來他只好改名柳永，才在景祐元年考中進士，可是已經五十一歲了。

年過半百，官至屯田員外郎，但因應制進一闋〈醉蓬萊〉詞，使仁宗不悅，擲稿於地，遂被罷官，永不復用。後人故稱柳屯田。

他本來就愛在妓院裡廝混，無官一身輕，更加自由，數十年中，他唯一的嗜好就是填詞讓歌妓傳唱，別無所長。葉夢得《避暑錄話》中云：「柳永善為歌詞，教坊樂工每得新腔，必求柳永為詞，始行於世，凡有井水飲處，即能歌柳詞，可見其傳之廣。」張友仁教授在〈論北宋慢詞〉文中說：「永詞旖旎明媚，入情入理，最動人心，且曲處能直，密處能疏，高處能平，狀難狀之景，達難達之情，而出之以自然。」這幾句是古人未曾說過的評語。

耆卿的詞，環遶於悲歡離合，展衍於羈旅行役，細敘了閨情蜜意，描述了花容月貌，他善用疊詞形容，助長語氣，而且暗含對仗，明示寓意，例如：

「花發西園，草薰南陌；銀塘似染，金堤如繡；摸石江邊，浣花溪畔；凍水消痕，曉風生暖；檻菊蕭疏，井梧零亂；虹收殘雨，蟬嘶敗柳；敗荷零亂，衰楊掩映；翠瓦霜凝，疏簾風動；西風吹帽，東籬携酒；雌霓挂雨，雄風拂檻；豔杏燒林，緗桃繡野……。」

類似這些狀景的自創佳句極多，在其詞中俯拾即是。

「愁蛾黛蹙，嬌波刀剪；新愁易積，故人難聚；慢垂霞袖，急趨蓮步；柳抬煙眼，花勻露臉；墮髻慵梳，愁蛾嬾畫；酒容紅嫩、歌喉清麗；雅態輕盈，嬌波豔冷；雨意雲情，酒心花態；舞袖飄雪，歌響行雲；笑歌盡雅，舉措皆奇……。」

像這些形容美人的佳句，詞中多得不勝枚舉。

在《全宋詞》錄了他二百一十二闋詞作中，有很多雋永新創的形容詞，非常雅致，如：雲愁雨恨、雨沾雲惹、冷煙寒雨、霧吟風舞、綠媚紅深、翠弱紅衰、慘綠愁紅、繁紅嫩綠、花心柳眼、蘭態蕙心、鶯嬌燕姹、淺桃深杏、尤花殢雪、牽情繫恨、酒朋詩侶、寸珠片玉等句，可說是別出心裁，道他人之未道。

他的作品大多以情愛為主題，所以衾枕繡被，用句甚多，如：「今生斷不孤鴛被。」「長是夜深，不肯便入鴛被。」「綢繆鳳枕鴛被。紅茵翠被。」「和衣擁被不成眠。」「鴛鴦繡被翻紅浪。」「香暖鴛鴦被。」「錦被裡餘香猶在。」「鴛衾暖，鳳枕香濃。」「燈殘香暖，好事盡鴛衾。」「洞房悄悄，繡被重重。」「催促少年郎，先去睡，鴛衾圖暖。」「仍携手，眷戀香衾繡被。」「鳳衾鴛枕，忍負良天。」「向繡幃，醉倚芳姿睡，算除此外何求？」「想鴛枕今夜，共他誰暖？」「憶繡衾相向輕輕語。」「重諧雲雨，再整餘香被。」……

從柳詞中，屢提細腰，可知他有所偏愛：「滿搦宮腰纖細」、「英英妙舞腰肢軟」、「別有眼長腰搦，柳腰花態嬌無力」、「楚腰纖細正笄年」、「細腰無力傳嬌慵」、「風柳腰身」「柳妒纖腰」、「憔悴楚宮腰」、「輕細好腰身」、「酥娘搦腰肢裊」、「舞腰困力」……

這位風流詞人，晚年病逝潤州，一貧如洗，名妓謝玉英、陳師師等發起募款辦理後事，送葬之日，傾城群妓縞素執紼，哄動一時，名之曰「弔柳七」。

似曾相識燕歸來——晏　殊

在歷來詩人詞客當中，晏殊要算是官運亨通、生活舒適的一個。這位北宋詞人（九九一——一〇五五），字同叔，臨川人，從小就出類拔萃，讀書過目不忘，七歲就會寫文章。十四歲就蒙宋真宗以神童召試，賜同進士出身，從此他一帆風順，歷仕三朝，官至宰相，六十五歲病卒。著有《臨川集》、《珠玉詞》、《紫微集》及詩詞極多，惜均散佚，《全宋詞》中收有一百三十五闋，史稱「宰相詞人」，他是個文學家、政治家、還是教育家，力主興學設校，普及教育，《宋史》云：「自五代以來，天下學校廢，興學自晏殊始。」是個了不起的人物。

晏殊的詞，風流蘊藉，筆觸婉約，由於他一生榮華，所以作品離不開酒筵花鳥，被譽為「北宋婉約詞風」的開創者。

看他的詞，再查他的經歷，就可印證他這一輩子是生活得非常享受，在詞中筆觸所及，無非宮殿府第、舞榭歌台、庭園風露、朱楹金卮、寒梅秋燕，沒有邊城、沒有羈旅、沒有繡閣、也沒有衾枕，一百三十五闋詞中，祝賀壽辰的占了二十四闋、詞中帶有燕子的有二十五闋，提到美酒歡醉的有八十四闋之多，他幾乎都過著飲酒填詞的安閒日子。

晏殊有幾句膾炙人口的詞，傳誦一千多年，例如：「昨夜西風凋碧樹，獨上高樓，望盡天涯路。」「滿目山河空念遠，落花風雨更傷春，不如憐取眼前人。」「無情不似多情苦，一寸還成千萬縷。天涯海角有窮時，只有相思無盡處。」「乍雨乍晴花自落，閒愁閒悶日偏長。」「無可奈何花落去，似曾相識燕歸來。」最後這兩句，葉夢得《石林詩話》載當時晏殊在花園中，漫步吟咏「一曲新詞酒一盃，去年天氣舊亭臺。夕陽西下幾時迴，無可奈何花落去」，還有兩句續不下去，苦思良久，正好詩人王琪來訪，替他接上一句「似曾相識燕歸來」，晏殊大喜，補上末句「小園香徑獨徘徊」，乃完成了這闋流傳千古的〈浣溪沙〉詞。

這位王琪，也是北宋文學家，進士出身，增訂刊刻《杜工部集》一萬冊，行銷殆盡，他有詞留傳下來，以〈望江南〉詞詠江南柳、江南酒、江南燕、江南竹、江南草、江南雨、江南水、江南岸、江南月、江南雪十闋，為後人所推崇，他當時倘使果真替晏殊續句，那麼晏殊那兩句名作，應是與王琪靈感合作的佳句了。

談到「似曾相識燕歸來」這句好詞，由於王琪曾詠過「江南燕」，對燕子相當瞭解熟悉，因此後人相信那句好詞是王琪幫晏殊續作的，但是，其實晏殊對燕子也有特別的喜愛，在他的詞作中，用燕子嵌入詞句的有二十五闋之多，而且都詠得很自然灑脫，好像燕子隨時都飛翔在他的生活周遭。譬如：

「燕子欲歸時節，高樓昨夜西風。」「小閣重簾有燕過，晚花紅片落庭莎。」「燕子歸飛蘭泣露，光景千留不住。」「雙燕欲歸時節，銀屏昨夜微寒。」「晚雨微微，待得空樑宿燕歸。」「無情一去雲中雁，有意歸來梁上燕。」「朱簾細雨，尚遲留歸燕。」「日高深院靜無人，時時海燕雙飛去。」「草際露垂蟲響徧，珠簾不下留歸燕。」「海燕雙雙，拂颺簾櫳。」「雙燕歸飛繞畫堂，似留戀虹梁。」「燕子來時新社，梨花落後清明。」「翠葉藏鶯，朱簾隔燕。」寫燕子的詞句很多，大概都用歸燕影射光陰季節，可能是他大都在官衙府第中，接觸到的飛禽走獸不多，唯有燕來燕去，比較熟悉。

後代詩評家對晏殊的詞評語不高，認為晏詞太近馮延巳，但是並未超越，他敘情未能感人，描景有欠峻秀，寫事不夠深刻，寓意近乎疏淺，然而，他非常愛才惜賢，范仲淹、富弼、韓琦、歐陽修等名臣，早年都受過他的關照，他在詞中幾處提到「不如憐取眼前人」，可以他對提拔後進，廣興學校，貢獻也不小。

自在飛花輕似夢——秦　觀

被後人虛構是蘇東坡妹婿的秦觀（一〇四九—一一〇〇），字少游，揚州人，是蘇東坡四大門人之一，和東坡走得很近，因此後人就虛擬他和蘇小妹的一些韻事。其實他的妻子是高郵徐姓富商之女，名為徐文英，在秦觀的自述文章中說得很清楚，馮夢龍編故事寫小說，在《醒世恆言》卷十一〈蘇小妹三難新郎〉中說得像真的一樣。

秦觀是個多產作家，著有文章三十卷兩百五十多篇、詩十四卷四百三十多首、詞三卷三百多闋，但多已散佚，迄今《全宋詞》中錄有一百五十闋。後人認為他是南唐詞脈的承繼者，也有人說他的詞只是因襲，而欠創造，其構辭和境界，並未能超脫前代和當時作者的範疇，所以評價並不太高，唯有《四庫提要》說：「觀詞情韻兼勝，在蘇黃之上。」此說未免誇張了些。

在秦觀的詞中，隱約可見李煜和柳永的影子，尤其是柳永的詞，雖然他們相差五十九歲，但是柳詞對他的影響很大。柳永在家排行第七，叫柳七；秦觀也排行第七，叫秦七；兩人都喜歡鶯鶯燕燕、卿卿我我；而且生活都非常不得志，柳永客死異鄉，秦觀受黨錮之累，也是客死廣西藤州。

但是，秦觀卻不承認因襲柳詞，南宋曾慥著《高齋詩話》載：「少游自會稽入都見東坡。東坡曰：『不意別後卻學柳七作詞。』少游曰：『某雖無學，亦不如是。』東坡曰：『銷魂當此際』，非柳七語乎？」秦觀被東坡斥得滿臉通紅，可見他是因襲了柳永，卻又看不起他。蘇東坡指出的那闋秦詞是：「銷魂，當此際，香囊暗解，羅帶輕分。謾贏得青樓，薄倖名存。」這幾句，的確太像是柳永的手筆。

同時，他對南唐後主李煜的詞，也相當傾慕，先看秦觀的一闋〈河傳〉：「常記那回，小曲闌干西畔。鬢雲鬆，羅襪剗。丁香笑吐嬌無限，語軟聲低，道我何曾慣？」再來看李煜的〈菩薩蠻〉：「花明月黯籠輕霧，今宵好向郎邊去。剗襪步香階，手提金鏤鞋。畫堂南畔見，一晌偎人顫。奴為出來難，教君恣意憐。」這前後兩闋詞的情調和語氣，是不是很貌似？

不過，秦觀的詞中確有一些佳句天成，令人激賞，例如：

「宿靄迷空，膩雲籠日；破暖輕風，弄晴微雨；花下重門，柳邊深巷；斜日半山，暝煙兩岸；紅蓼花繁，黃蘆葉亂；纖雲弄巧，飛星傳恨；霧失樓台，月迷津渡；冰解芳塘，雪消遙嶂；淡柳橋邊，疏梅溪上；山抹微雲，天連衰草……。」

這些狀景的佳句，雋永可觀，對仗工整，讀來令人一開眼界。此外尚有：

「枕上忽收疑是夢，燈前重看不成眠；自在飛花輕似夢，無邊絲雨細如愁；照水有情聊整鬢，倚闌無緒更兜鞋；兩情若是久長時，又豈在朝朝暮暮；夜月一簾幽夢，春風十里柔情；妾願身為堂上燕，朝朝暮暮長相見；人去空流水，花飛半掩門；片片飛花弄晚，濛濛殘雨籠晴……。」

像這些詞句，流傳古今，琅琅上口。

秦觀似乎格外愛水，他的詞中有一半以上均帶有水字，而且都用得很自然流暢，我們試舉幾句來看看：

「歡娛漸隨流水；水面倒銜蒼石；流水繞孤村；碧水驚秋，黃雲疑幕；柔情似水，佳期如夢；流水落花無問處；落紅鋪徑水平池；水翦雙眸點絳脣；淡煙流水畫屏幽；遙夜沉沉如水；爭奈無情江水；一重煙水一重雲；十里紅樓依綠水；水色山光相與綠；千門明月天如水；遠水長空連一色……。」

幾乎離不開水，水對秦觀太重要了，有一次他在夢中做了一闋〈好事近〉，有句云：「醉臥古藤陰下，了不知南北。」這是一闋讖詞，果然他最後是猝死於藤州光華亭上，宋僧惠洪撰《冷齋夜話》：「醉起以玉盂汲水，笑飲而化。」臨終還要汲水一飲。

誰復挑燈夜補衣——賀　鑄

「重過閶門萬事非，同來何事不同歸？梧桐半死清霜後，頭白鴛鴦失伴飛。原上草，露初晞。舊棲新壠兩依依。空牀臥聽南窗雨，誰復挑燈夜補衣？」

這一首〈鷓鴣天〉，是賀鑄悼念亡妻的作品，末後那兩句，可說是賀鑄詞作中最感人的句子，中年喪偶的人，讀後莫不心有戚戚焉。

賀鑄（一〇五二—一一二五），字方回，河南輝縣人，自稱為唐代詩人賀知章後裔，是宋太祖孝惠賀皇后的族孫，但已家道中落，其妻貌美，且為濟國公趙克彰的女兒，金枝玉葉，嫁給了綽號「賀鬼頭」的大個子，史載他：「奇醜，身高七尺，面黑，眉目聳拔。」貴族名媛，下嫁這樣的丈夫，心情委屈悒鬱，焉能長壽？

夫妻如有一個先走，剩下的那個，始會體認到另一半的重要性，賀鑄就是這樣，才有靈感寫下「空牀卧聽南窗雨，誰復挑燈夜補衣」的感人詞句。

古來不少文人寫過悼亡詩詞，以納蘭性德寫得最多，有二十闋；蘇東坡為妻妾也各寫了一闋，其中以「十年生死兩茫茫。不思量，自難忘。」等句最感人。

賀鑄沒有功名，因娶宗室女，授右班殿直，後來調泗州通判、太平州副座，仕途不太得志，遂辭官退休，在蘇州橫塘築室，自號慶湖遺老，杜門校書，不附權貴，享年七十四歲。《全宋詞》收有二百八十九闋他的作品，中有三十多闋殘字不齊，後人評他的詞：「雍容妙麗，幽閒思怨，風格開朗，而多變化。」更特別的是他善於融化中晚唐詩句入詞，技巧高超，堪與周邦彥媲美。

說到融詩入詞，固屬技巧，但是沿用前人佳句，難辭抄襲之嫌，他最慣引用杜牧的詩句，如其〈太平時〉詞云：「秋盡江南葉未凋，晚雲高。青山隱隱水迢迢，接亭泉。二十四橋明月夜，弭蘭橈。玉人何處教吹簫?可憐宵。」他把杜牧〈寄揚州韓綽判官詩〉四句全部沿用，只將第一和第二句對調，第二句「草未凋」改為「葉未凋」，然後在每句之後加三個字，變成詞調。

另有好幾闋詞也是這樣，將杜詩句子對調一下，就成了他的詞，如杜牧的〈遠寄詩〉

原文是：「南陵水面漫悠悠，風緊雲輕欲變秋。正是客心孤迴處，誰家紅袖凭江樓？」賀鑄把它融入詞中云：「風緊雲輕欲變秋，雨初收。江城水路漫悠悠，帶汀洲。正是客心孤迴處，轉歸舟。誰家紅袖倚津樓，替人愁。」再如將隋代詩人薛道衡的「人歸落雁後，思發在花前」兩句名詩也嵌入詞中，還說他技巧高明，似乎有點令人不敢苟同。

此外，他把前人的詞句也融襲了，如五代牛濟希〈生查子〉詞云：「春山煙欲收，天淡稀星小。殘月臉邊明，別淚臨清曉，語已多，情未了，回首猶重道；記得綠羅裙，處處憐芳草。」他改成：「東風柳陌長，閉月花房小。應念畫眉人，拂鏡啼新曉。傷心南浦波，回首青門道，記得綠羅裙，處處憐芳草。」牛濟希以「記得綠羅裙，處處憐芳草」兩句名揚詞壇，意傳情場，古今激賞，而賀鑄竟然生吞活剝，融入己詞，實在有點說不過去。

詩詞本來就是文字組合的遊戲，意境構思的邏輯，情緒氣概的宣洩，如果前人已經用過的句子，原封不動地挪用，拉伕入伍，那與剽竊何異？細讀賀鑄之詞，不時浮現唐人詩句，如：「十年一覺揚州夢，閒愛孤雲靜愛僧，雲想衣裳花想容，惟覺尊前笑不成，當年不肯嫁春風，飛入尋常百姓家……。」類似句子極多，讀來頗有品嚐拼盤之感。至於他那闋〈青玉案〉的「若問閒情都幾許？一川煙草、滿城風絮、梅子黃時雨」，被譽為千古絕唱，稱為「賀梅雨」。黃庭堅詩云：「解道江南腸斷句，世間唯有賀方回。」歷來評價之高，有點出人意料。

快風一瞬收殘雨——周邦彥

古來詞人當中，周邦彥是最精於理律調音、自創新曲、分劃節度、曼聲促節、繁會相宜，集北宋婉約詞風，開南宋創新詞境的一位大詞家，被後人尊為上承柳永、秦觀，下引姜夔、張炎的樞紐人物。

周邦彥（一〇五六—一一二一），字美成，號清真居士，杭州人，二十四歲為太學生，二十六歲進〈汴都賦〉，宋神宗命為太學正，而後歷經哲宗、徽宗，因受黨錮之爭，屢有遷謫，曾為大晟府提舉，掌管皇家音樂、最後知順昌府。

這位大詞人，二十六歲以前，生活不太檢點，《宋史・文苑傳》說他：「疏雋少檢，不為州里推重。」但他博覽群書，自命風流倜儻，流連青樓，創詞度曲，普受娼妓的喜歡，稗史還說他與京師名妓李師師過往親密，而宋徽宗也看上李師師，不時微服暗訪。有一次周邦彥正在李師師閨房中，不意徽宗突然駕臨，他走避不及，躲在牀下，將徽宗與師師的情話聽得一清二楚，事後本來無事，豈料他一時技癢，將當夜牀下聽聞，寫一首〈少年遊〉，譜曲傳唱，不久傳入宮中，徽宗一聽，勃然大怒，將他免職，趕出京城，永不錄用云云。這應該是小說家根據他的那闋詞，捕風捉影，加油添醬，杜撰而成的一段豔史，事實上，史載他擔任大晟府提舉時已經六十一歲，做了三年提舉，外放真定府知府（今河北正定），一年後改調順昌府（今安徽阜陽），六十六歲正月病卒，並無被免職的跡象。

周邦彥的詞，大致環繞著美人、豔情、寫景、詠物四個軸心，筆觸沉郁，鋪敘曲折，通暢順達，慣於用典，將前人佳句融入詞中，但他不像賀鑄那樣生吞活剝，而是巧妙地將名句加以分解，融會於無形。如這闋〈西河〉詞末段：「想依稀，王謝鄰里。燕子不知何世。入尋常，巷陌人家，相對如說興亡，斜陽裡。」明明是劉禹錫的〈烏衣巷〉詩，卻被他咀嚼消化得不顯蹤跡。

他用典，也用得不唐突；用俗語，也用得很自然，例如這闋〈滿路花〉末段：「閨房密愛，萬種思量過。也須知有我。著甚情悰？但你忘了人呵！」又如〈浣溪紗慢〉末段：「可怪近來，傳語也無箇。莫是瞋人呵，真個若瞋人，卻因何，逢人問我？」如此口語化，也堪入詞，前人少見。

《宋史》說他少不檢點，應是言之不差，看他的詞句，就可印證，試舉兩例來看：一是〈花心動〉：「……繡枕旋移相就。海棠花謝春融暖，偎人恁，嬌波頻溜。象床穩，鴛衾謾展，浪翻紅縐。一夜情濃似酒。香汗漬鮫綃，幾番微透。鸞困鳳慵……」這豈非一夜情的寫實？又如〈青玉案〉：「良夜燈光簇如豆。占好事，今宵有。酒罷歌闌人散後。琵琶輕放，語聲低顫，滅燭來相就。玉體偎人情何厚，輕惜輕憐輕唧溜。雨散雲收眉兒皺。只愁彰露，那人知後。把我來僝僽（咒罵）。」這不是敘述偷情的過程麼？描寫得那麼露骨，真是開放大膽。

在《全宋詞》中，收有周邦彥的詞一百八十八闋，大都風花雪月，敘情寫景，最特別的是他喜歡風風雨雨，每一闋詞幾乎都少不了風輪雨檝，愛雨憐雲，粗略計算一下，總共用了一百八十多處風雨，沒有幾闋詞中不用風雨這兩個字，而且用得非常自然，極少雷同，如說雨則是：一庭愁雨、池塘飛雨、暗雨催人、故溪歇雨、亂雨瀟瀟、密雲銜雨、雨肥梅子、暮霞霽雨、虹雨苔滋、暮雨生寒、雨苔千點、隔窗寒雨、小雨收塵、淚雨縱橫、梅雨乍晴、雲收雨散……。說風則是：障風映袖、風燈零亂、露冷風清、一夕東風、看舞風絮、風老鶯雛、風乾微汗、曉風嗚軋、風翻暗雪、風掃霜威、驚風驅雁、風銷絳蠟、風嬌雨秀、晴風吹草、風披宿霧、風逗細寒、門掩西風、風鬟霧鬢、老卻春風、斜風橫雨……，觸目皆是。

大概是他身處新舊黨爭之間，特別注意風風雨雨，期待快風一瞬收殘雨吧！

怎一個愁字了得——李清照

李清照（一〇八四—一一五五），被後人認為是「中國文學史上最偉大的一位女詩人」。她號易安居士，濟南人，生在官宦文學世家，自幼知書擅詩，聰明巧慧，十八歲嫁給太學生趙明誠，夫妻感情篤厚，日以吟詩填詞，考研金石為樂，無奈生逢亂世，金兵入侵，宋室南遷，夫婦逃難，狼狽南下，數年後，趙明誠病故，她在紹興寄居土民鍾姓家中，所有金石書畫，遭竊一空，境遇相當困厄。

她所著詩詞甚多，可惜在兵荒馬亂中散佚殆盡，著有《漱玉詞集》，宋黃昇《花庵詞選》中選有八闋；舒夢蘭《白香詞譜》中選有三闋，都在《全宋詞》四十七闋之內，所存作品雖然不多，但已足可顯示她的才華，令人欽服。

李清照的人生，前半生與後半生的榮辱截然不同，所以她的詞也分成兩個階段，前期的詞含蓄雋永、清麗婉約，大多描寫閨情別緒；後期的詞淒惋悲愴、孤寂無告，大多敘述惆悵悒悶。生計影響情緒，情緒支配靈感，靈感呈現作品，作品影射生活，她獨創一格，不受詞風吹襲，塑成「易安體」，《四庫提要》說：「清照以一婦人而詞格乃抗軼周柳，雖篇帙無多，固不能不寶而存之，為詞家一大宗矣！」甚至有人說其詞「前無古人，後無來者」，那應該是針對女詞人而言。

元儒伊士珍撰《琅嬛記》載：「易安以重陽〈醉花陰〉詞函致趙明誠，明誠嘆賞，自愧弗逮，務欲勝之，一切謝客，忌食忘寢者三晝夜，得十五闋，雜易安作，以示陸德夫，德夫玩之再三曰：『只三句絕佳。』明誠詰之，答曰：『莫道不消魂，簾捲西風，人似黃花瘦。』正易安所作。」可見她丈夫的詞還差得遠哩。

這闋詞中的「人似黃花瘦」一句，各版本有所不同，《全宋詞》、《花庵詞選》是「人似黃花瘦」；《中國文學史》、《白香詞譜》、今人黃墨谷《重輯李清照集》則是「人比黃花瘦」，「似」與「比」在層次上有很大的差別。

易安敘情惜別的詞句，有一種沉重低徊的震撼，無可奈何的感慨，譬如：「花自飄零水自流。一種相思，兩處閒愁，此情無計可消除，才下眉頭。卻上心頭。」又如：「守著窗兒，獨自怎生得黑？梧桐更兼細雨，到黃昏，點點滴滴。這次第，怎一個愁字了得？」仔細體會，那詞中情境是多麼無告，多麼無助！

她出生時歐陽修已經去世十二年，但對這位前輩的作品非常欣賞，她讀到他的一闋〈蝶戀花〉，格外喜愛其「庭院深深深幾許」句，因此也用他的句子填了〈臨江仙〉二詞，並自序曰；「歐陽公作蝶戀花，有『庭院深深深幾許』之句，予酷愛之，用其語作『庭院深深深幾許』數闋，其聲即舊臨江仙也。」在《全宋詞》中收有她的兩闋〈臨江仙〉，都用「庭院深深深幾許」開頭。

女人愛花，是一種天性，李清照身為女人，自然也愛花，而且愛得特別廣泛深刻，這可從她的筆下看出端倪，在《全宋詞》所錄四十七闋詞中，沒有一闋不提到花卉，尤其是梅花，「此花不與群花比、淡月疏影尚風流、挼盡梅花無好意、不知醞藉幾多香，……」「花影壓重門、別到杏花肥、幾點催花雨、風定落花深，……」她有一闋〈減字木蘭花〉下半闋云：「怕郎猜道，奴面不如花面好。雲鬢斜簪，徒要教郎比並看。」這幾句，似乎有點像是受張先〈菩薩蠻〉一詞的誘發，脫胎換骨而來。但詞筆膚淺環薄，不類清照少作。

自從趙明誠死後，李清照就沒有好日子過，物是人非事事休，一個婦道人家，逃難南方，無依無靠，好不容遇到一位張汝舟，對她大獻殷勤，無奈只有嫁予，豈料婚後張某發現她沒有什麼財物，原形畢露，家暴頻繁，她求助無門，後來察覺張某行賄貪瀆，乃向官衙檢舉，從此仳離，過著孤苦伶仃的生活，七十歲病歿。宋儒王灼《碧溪漫志》云：「趙死，再嫁某氏，訟而離之，晚年流蕩無歸。」另宋儒朱彧《萍洲可談》亦云：「不終晚節，流落以死，天獨厚其才，而嗇其遇哉！」

小樓歸燕又黃昏——杜安世

杜安世，字壽域，西安人，其生平與生死年月不詳，大概也在西元一〇〇〇年前後，明代藏書家陸貽典有校本《杜壽域詞》集一卷，唐圭璋編《全宋詞》中收有他的八十四闋詞，《花庵詞選》選入一篇，《四庫全書》及《全芳備祖》亦錄有他的詞，但是在《四庫總目提要》第二百卷中云：「杜詞往往失之淺俗，字句尤多湊泊。」南宋陳振孫《直齋書錄題解》謂：「杜壽域詞一卷，京兆杜安世撰，未詳其人，詞亦不工。」

總之，這位杜安世，是宋代慢詞作家，有詞作流傳迄今，而且還有七八十闋之多，雖然前人批評「不工、淺俗、湊泊」，但是還是值得我們探索一下。

他的詞似乎離不開「愁恨、憔悴」，可見他的生平不見得過得很舒坦，八十幾闋詞作中，沒有幾闋不用到「恨」字與「愁」字，舉幾句例子來看：

「喚起兩眉新恨」、「欲將幽恨傳愁信」、「恨孤，歡侶」、「苦恨別離何速？」、「堪惹舊恨深」、「分飛兩處，長恨西東」、「相思事，多少春恨」……。愁字用得更多，例如：「永日愁如醉」、「愁都在雙眉頭聚」、「淒涼天氣離愁意」、「早是厭厭愁欲凝」、「花間眾禽愁難聽」、「斂愁在雙蛾翠」、「更被閒愁相賺誤」、「離愁終未解」、「愁與病相和」、「又別是愁情味」、「又是春愁滋味」、「凝露粉愁香怨」、「愁思若浮雲」、「淚眼愁腸」、「惹動閒愁」……。

詞句中充滿了愁恨，不難想見這位詞人的境遇，一定並不理想，雖然歷史上缺少他的資料，可是從其作品中，發現他曾經奉命入川，我們看他這闋〈玉樓春〉：「綸命忽從天上至，便綰兵權辭漕計，漢廷起草舊郎官，蜀部坐籌新將帥。紅旆碧幢春色裡，驕馬嘶風花片墮，送行今日短亭中，腦亂故人須盡醉。」這不是在故人送他入川時，在短亭中所詠的詞句麼？再看另一闋〈兩同心〉：「巍巍劍外，寒霜覆林枝。望衰柳，尚色依依。暮天靜，雁陣高飛，入碧雲際。江山秋色，遣客心悲。蜀道山嶮行遲，瞻京都迢遞。聽巴峽，數聲猿啼，唯獨箇，未有歸計。謾空悵望，每每無言，獨對斜暉。」由這兩闋詞中研判，杜安世是當過宋朝官吏，曾經奉命入川，羈留頗久，他鄉作客，難免心悲，此詞是有感而作。

杜安世的一生，顯然過得並不如願，也許是官場約束，環境限制，似乎非常煩惱。當一個人處在困頓的氛圍中時，必然格外嚮往自由自在的生活，因而對來去自如、飛翔堂前的燕子就特別關注，所以他下筆填詞時，燕子的形影，就不斷地在腦中盤旋，揮之不去，難怪他的詞中，大多出現飛來飛去的燕子。

有很多例句，譬如：「一雙新燕卻重來」、「當晴晝，燕子聲鬧」、「高空雙燕舞翩翩」、「巢栖燕子欲黃昏」、「香徑舞燕流鶯」、「新翻歸翅雲間燕」、「畫閣巢新燕聲喜」、「鶯老燕子忙如織」、「小樓歸燕又黃昏」、「消息未聞梁上燕」、「畫樓日晚燕歸巢」、「雕梁燕子閒相並」、「畫梁新燕一雙雙」、「庭軒悄悄燕高空」、「巢喧乳燕」、「花共燕爭飛」、「雙燕辭去」、「燕子歸來」……。

他的詞的確乏善可陳，其中一闋〈卜算子〉：「尊前一曲歌，歌裡千重意。纔欲歌時淚已流，恨應更、多於淚。試問緣何事？不語如癡醉。我亦情多不忍聞，怕和我，成憔悴。」在杜詞中要算這闋寫得真切，如鶴立雞群，但太像柳詞。

不過，他有幾句詞對人生的看法，頗具啟發性，如：「閒把浮生細思算，百歲光陰，夢裡銷除半。」「直饒終日踏紅塵，浮名浮利枉勞神。」「思想厚利高名，謾惹得憂煩，枉度浮生。」「勸君看取名利場，今古夢忙忙。」「浮名浮利何足道，麗景芳時須笑傲。」

他若能有此胸襟，也就不必添恨加愁了。

愁容不上春風面——晁補之

「花下提壺勸，何妨醉卧花底，愁容不上春風面」，晁補之這三句詞，羨煞多少文士雅士。

晁補之（一〇五三—一一一〇），字無咎，號歸來子，山東巨野人。這個「晁」字，乃古「朝」字，晨光之意，宋代時晁族子孫興旺，他生士宦之家，書香門第，二十六歲舉進士，參加開封及禮部別院考試，都得第一，只可惜生逢黨爭年代，仕途坎坷，屢遭貶謫，使他大歎「暗思生平，自悔儒冠誤」。

他是蘇東坡門下四學士之一，與張耒、黃庭堅、秦少游並稱，但他的詞最近似東坡，豪放雄邈，《全宋詞》中收有一百六十七闋他的作品，《花庵詞選》收有六闋，奇怪的是《白香詞譜》中竟沒有選用他的詞。

現存晁補之的詞，以詠謫居最多，閒情次之，寄親友妻子的更次之。閒情詞作中包括寫景、詠花、惜春、贈和、悼亡等等，只有數闋贈妓詞，比較旖旎，其他很少綺語豔詞，但是讀來並不枯燥。

晁詞中有很多好句，值得品味：「松菊堂深，芰荷池小。」「堂上涼生，檻前暑退。」「鷗起蘋中，魚驚荷底。」「栽梅徑裡，插柳池邊。」「柳眉輕掃，杏腮微拂。」「暮草蛩鳴噎，暗柳螢飛滅。」「霜細猶欺柳，風柔已弄梅。」「鸚鵡花前弄，琵琶月下彈。」「閒情搔短髮，佳句詠纖腰。」「何妨心似水，莫遣頭如雪。」「水窮行到處，雲起坐看時。」「睡眼不曾通夕閉，夢魂爭得連宵接。」「竹風荷雨來消暑，玉李冰瓜可療饑。」「滿眼青山芳草外，半篙碧水斜陽裡。」「射虎山邊尋舊跡，騎鯨海上追前約。」……這些對仗整齊，意境逍遙的句子，穿插詞中，益增韻味，尤其將王維的「行到水窮處，坐看雲起時」兩句詩，各調動一個字，就換成另一境界，真是巧妙。

詠花和惜春，是晁補之筆下的強項，他對梅花、海棠、晚菊、芍藥、牡丹、瓊花、櫻桃、芙蓉不但描寫得很美，而且有其特殊的看法，尤其是梅花，有好幾闋賞梅詞，佳句連連：「雪裡清香，月下疏枝。」「碧瓊枝上，白玉袍中。」「未放玉肌開，已覺龍香噴。」「香非在蕊、香非在蕚、骨中香徹。」把梅花說成「一點多情，天賜骨中香」，虧他想像得到。

愛花與惜春，是詩人詞客普遍的癖好，在晁補之的一百多闋詞中，「春」字和「花」字俯拾即是，尤其是有幾闋專詠「惜春、留春、送春」。把春天吟詠得既可愛，又可恨，把春天描繪得非常生動，而且比擬為人格化，真是匪夷所思。如這闋〈水龍吟〉中有句：「問春何苦怱怱？帶風伴雨如馳驟。……算春常不老，人愁春老，愁只是，人間有。春恨十常八九。」另一闋〈洞仙歌〉有句：「為春醉倒，願花更好。春休老，開口笑，占醉鄉，莫教人到。」又一闋〈江神子〉：「……桂堂東，又春風，今日看花，花勝去年紅。把酒問花花不語，攜手處，遍芳叢。留春且住莫怱怱，秉金籠，夜寒濃。沉醉插花，走馬月明中。……」他用很多含有春字的句子，如云春老、春瘦、春長、春久、春恨、春休、春來、春歸、春辭、春賒、春愁、春寒、春先、春光、春晚、春醉、春忙、春去、春華、春山、春到、春城、春色、春時、春好、春調、春近、春融、春事、春草、春回、春信、春水、春情、春酒……、他似乎滿腦子裡都裝滿了春天。

晁補之的詞句，有時用得很特別，例如：「無窮官柳、無窮畫舸、無根行客。」「對林中侶、閒中我、醉中誰。」「但酒同行、月同坐、影同嬉。」「愁花放，恐花飛。」「占溪風，留溪月。」……用重複的字眼加強詞意，讀來另有一番意味。

衣上酒痕詩裡字——晏幾道

「落花人獨立，微雨燕雙飛。」「柳陰分到畫眉邊，花片飛來垂手處。」「舞低楊柳樓心月，歌盡桃花扇底風。」「腰自細來多態度，臉因紅處轉風流。」「綠酒細傾消別恨，紅牋小寫問歸期。」這幾句妙詞，是晏幾道的佳作，千古來一直被愛好詩詞的人所稱道，譽為「絕妙好詞」。

晏幾道（一〇三〇—一一〇六），字叔原，號小山，江西南昌人，是名詞人也是宰相晏殊的第七個么兒，生在富豪之家，書香門第，自幼好學，尤喜樂府，文才出眾，滿腹經綸，從小備受寵愛，養成高傲不群，厭棄權貴，排斥其父親的門生故舊，不思謀取名位，因此一生只當些縣級官吏，勉強維生，將全部精力，專注在詩酒文章方面，詞風麗摯委婉，與其父齊名，有「二晏」之稱。清儒陳廷焯撰《白雨齋詞話》云：「詞風逼近其父，既有晏殊詞風的清麗婉曲，語多渾成，又比晏殊詞沉摯悲涼。」他最拿手的是敘情描貌，下筆離不開醇酒美人、麗景夢鄉。

《全宋詞》中收有其詞二百五十八闋，《花庵詞選》收十二闋，唯有《白香詞譜》中二晏詞均未入選，但是他的〈臨江仙〉、〈鷓鴣天〉、〈阮郎歸〉諸詞，都是歷來士人琅琅上口，古今傳誦的名篇，卻是不爭的事實。

晏幾道的詞，幾乎每一闋不是醉酒，就夢魂，可見他平日的生活情狀，總是「對景且醉芳尊，幾處歌雲夢雨」。他說：「從來往事都如夢，傷心最是醉歸時。」為什麼他那麼喜歡酒？原來他「衾風冷，枕鴛孤，愁腸待酒舒。」「欲將沉醉換悲涼，清歌莫斷腸。」「新酒又添殘酒困，今春不減前春恨。」「衣上酒痕詩裡字，點點行行，總是淒涼意。」「酒罷淒涼，新恨猶添舊恨長。」「強歡滯酒圖消遣，到醒來，愁悶還重。」「醉中同盡一杯歡，歸後各成孤枕恨。」雖然他一再說醉後還是淒涼，照樣孤寂，依舊悶恨，但是，他仍然強調：「古來多被虛名誤，寧負虛名身莫負。勸君頻入醉鄉來，此是無愁無恨處。」

何以他的詞中老是出現「夢」字？大概是他在情場上也有不如意處，心上人不能長相廝守，「欲將恩愛結來生，只恐來生緣又短。」從這兩句可以看出他之所以多夢，是期待「惟有夢裡相見，猶似舊，奈人禁，偎人說寸心。」因為「別後除非，夢裡時時得見伊。」「歸來獨臥逍遙夜，夢裡相逢酩酊天。」你看他說得多可憐：「夢魂隨月到蘭房，殘睡覺來人又遠，難忘！便是無情也斷腸。」最後只有無奈地吟：「莫道後期無定，夢魂猶有相逢。」只好多做夢吧！

晏幾道對女性的容貌、妝扮、表情等等，觀察入微，揣摩透徹，透過他的彩筆，將每個女人都形容得像鮮花一樣豔麗，我們看他怎麼描寫女人：「滿眼嬌春，淺笑微顰。」「輕勻兩臉花，淡掃雙眉柳。」「遠山眉黛長，細柳腰肢嫋。」「堪恨兩橫波，惱人情緒多。」「靚妝眉沁綠，羞臉粉生紅。」「嬌妙如花輕似柳。」「芳年正是香英嫩，天與嬌波長入鬢。」「腮粉月痕妝罷後，臉紅蓮豔酒醒前。」「梅蕊新妝桂葉眉，小蓮風韻出瑤池，雲隨綠水歌聲轉，雪繞紅綃舞袖垂。」「楚女腰肢越女腮，粉圓雙蕊髻中開。」……

見到漂亮的女子，如何不愛慕？於是他吟了一闋〈長相思〉：「長相思，長相思。若問相思甚了期，除非相見時。長相思，長相思，欲把相思說似誰，淺情人不知。」他提到別人「淺情」，而他自已乃是「深情」，因此詞中多有「相思」之句，如：「無處說相思」、「只為相思老」、「相思不比相逢好」、「可無人解相思處」、「相思一夜天涯遠」、「淺情肯信相思否?」、「別後相思常在眼」、「無端不寄相思字」,詞中用了好多相思句,最後他說:「若問相思何處歇?相逢便是相思徹。」這不是廢話嗎?人既相逢了,還相思什麼?

妻子同鋤五畝蔬——謝　逸

江西臨川人謝逸（一〇六八—一一一三），號溪堂，北宋江西詩派代表之一，也是五代花間詞派的傳人。幼年喪父，家境貧寒，但好讀書，博學多聞，在家鄉有才子之稱，只是官運欠佳，兩次應試，均告落第，遂絕意仕途，將「謝逸」號為「無逸」，也就是從此沒有逸樂，只求安貧樂道，耕鋤維生，詩書課子，過著「家貧唯飯豆，肉貴但羨藜」的生活，不過他雖然「妻子同鋤五畝蔬」，卻經常召集鄉間父老聚會，座談前賢軼事，稱為「寬厚會」。他的詩詞文章，著作甚豐，惜均散失，現存《溪堂集》十卷及《溪堂詞》一卷六十二闋，收入《全宋詞》，其中有十三闋在《花庵詞選》，一闋在《白香詞譜》。

我們先看謝逸的一首〈寄隱士詩〉，就可洞悉他生涯規畫：「先生骨相不封侯，卜居但得林塘幽，家藏玉唾幾千卷，手校韋編三十秋。相知四海孰青眼，高卧一庵今白頭，襄陽耆舊節獨苦，只有龐公不入州。」他用詩表白了自己的志概，以三國時代的「鳳雛」龐統自居。這首詩，在宋儒何谿汶編的《竹庄詩話》，以及宋儒蔡正孫撰的《詩林廣記》中，均有刊載，且譽為佳作。

謝逸在艱苦的生活中，不忘吟詠，據說他曾經寫了三百首「蝴蝶詩」，對蝴蝶的生態有詳盡的描繪，外號被稱「謝蝴蝶」，可惜至今一首也不存，由於他長年在鄉間農耕，對於田野花草、山嶺樹木，日夕相處，所以在詞篇中，幾乎沒有一兩闋是不寫花詠木的。

在他的詞中，以梨花、梅花、菊花、杏花、桂花、楝花、荷花、芍藥、蓼花、蘆花、刺桐花、荻花、桃花。豆蔻、酴醾等為主，幾乎將鄉間林野所有的花木都入了詞中，而且描寫得清麗飄逸，雅致雋永，難怪薛礪若在《宋詞通論》中云：「溪堂詞遠規花間，逼近溫（庭筠）韋（莊）。」我們試舉數例：

「風飄萬點落花飛」、「一眉新月浸梨花」、「梅梢月上紛紛白」、「青錢點水圓荷綠」、「蘆花飄雪迷洲渚」、「寥花汀上西風起」、「荻花楓葉只供愁」、「露染宮黃庭菊淺」、「刺桐花上蝶翩翩」、「輕風冉冉楝花香」等等，都是要身歷其境，親自目睹，才能吟出這些句子。

在謝逸的六十二闋現存詞作中，值得欣賞的佳句頗多，如：「謾摘青梅嘗煮酒，旋煎白雪試新茶。」「杜鵑飛破草間煙，蛺蝶惹殘花底露。」這種閱歷與情景，絕不是坐在書桌旁邊絞盡腦汁、掏空心血、苦思竭慮而得出來的句子。又如詠水芙蓉：「密雪未知膚白，夜寒已覺清香。」「霜後最添姘麗，風中更覺娉婷。」從感受中襯托主題，不必正面提起花名，卻已呼之欲出矣。

謝逸非僅真才實學，而且文思敏捷，下筆成文，出口成章，他的詞作，大都是以生活背景、農村自然風光為題材，配合四季天象，樸質無華，所以沒有宮殿迴廊、繡簾鴛被，只有一派天真，品酒賞花，作品信手拈來，不費雕琢。南宋胡仔（元任）編著之《苕溪漁隱叢話》中引用《復齋漫錄》一段記載，可對謝逸多一層認識：「元佑中，臨川謝無逸過黃州關可花村館驛，遇湖北王某、江蘇諸某、浙江單某、福建張某等秀才，四人知其來自臨川，戲以『曹植七步成詩，請君七步為詞』相謔。逸行五步，詞成，揮毫疾書〈江城子〉一闋於壁：『可花村館酒旗風。水溶溶，落殘紅。野渡舟橫，楊柳綠蔭濃。望斷江南山色遠，人不見，草連空。夕陽樓上晚煙籠。粉香濃，淡眉峯。記得年時，相見畫圖中。只有關山今夜月，千里外，素光同。』」眾秀才大為欽服，傳揚開來，謝逸遂有「五步成詞」

的稱譽，名噪江南，後人路過該驛站，都要向驛兵借筆抄錄他題在壁上的詞句，使驛兵不勝其煩，索性用泥巴把壁上的詞塗蓋起來，免得麻煩，因此，謝逸那闋〈江城子〉原詞，竟沒有收在《全宋詞》中。

回首中原淚滿襟——朱敦儒

這位橫跨南北宋的詞人朱敦儒（一〇八一——一一五九），字希真，號岩壑，稱伊水老人、洛川先生，洛陽人。生逢靖康之恥年間，隱居不仕，南宋紹興五年，賜進士出身，才入朝為官，因主戰被劾，丟官退居嘉禾，晚年又被高宗任為鴻臚少卿，七十歲告老，享年七十八歲，算是高壽的詞人。

朱敦儒的詞，在宋人中是蠻有名的，他有《樵歌詞集》三卷，收入《全宋詞》中有九十五闋，《花庵詞選》選入十闋，《白香詞譜》不選。在現存的詞作中，可看出其詞風乃隨著他的生活遭遇而轉變，初期纖麗豔巧，中期慷慨悒悶，晚期世故明暢，在九十多闋詞作呈現出曠達開朗、倚老賣老的風貌，跟一般詩人詞客一樣，句裡詞中總少不了好花醇酒、佳人美景，他還加了一項「淚水」。

在那個時代，外侮侵凌，宋室南遷，有識之士憂國憂民，難免悲傷悒鬱，「中原亂，簪纓散，幾時收？試倩悲風吹淚過揚州。」這個「淚」字，在其詞中屢見不鮮，令人感傷，如：英雄淚、襟上淚、紅雨淚、花有淚、人有淚、江上淚、山引淚、彈粉淚、黃花淚……。他有幾句詞充分流露了當時的心情：「舉頭長安遠。」「一番海角淒涼夢，卻到長安。」「扁舟去作江南客，旅雁孤雲，萬里煙塵，回首中原淚滿巾。」「酒一杯，淚雙垂，君到長安百事違，幾時歸？」南宋朝廷偏安杭州，回首長安，胡塵彌漫，焉不「試問淚彈多少？濕徧樓前草」。

由於朱敦儒壽命較一般詞人長，在當時應算是老字號的人物，所以口氣難免倚老賣老，常有老夫看破人生的語氣充斥詞中，因此「老」字也是詞中的常見字：「元來老子曾垂教」、「老人對酒今如此」、「老後人間無去處」、「謝天教我老來閒」、「春去尚堪尋，莫恨老來難卻」、「你但莫多愁早老」。他在告老辭官時吟了一闋〈沁園春〉，前半闋是：「七十衰翁，告老歸來，放懷縱心。念聚星高宴，圍紅盛集，如何著得，華髮陳人。勉意追隨，強顏陪奉，費力勞神恐未真。君休怪，近頻辭雅會，不是無情。」可知他當時雖然告老，還是經常和友人詩酒雅集。

告老之後有幾年他是生活得很悠閒的，從他這闋〈驀山溪〉可見一般：「鄰家相喚，酒熟閒相過。竹徑引籃輿，會鄉老吾曹幾箇。沈家姊妹，也是可憐人，回巧笑，發清歌，相間花間坐。高談闊論，無可無不可……。浮生春夢，難得是歡娛，休要勸，不須辭，醉便花間臥。」這種情景，多麼優哉游哉！

這位詞人老年時一定有點像仙風道骨，清瘦鑠矍，所以還能和友輩詩酒唱和，在那個年頭，平均年齡很低，五十歲就是半百老翁，鬍鬚斑白，像朱敦儒這樣七十歲以上的人瑞，當年並不多見，我們看他一闋〈蘇幕遮〉自述云：「瘦仙人，窮活計。不養丹砂，不肯參同契。兩頓家飡三覺睡。閉著門兒，不管人閒事。……」可見他吃得很少，睡眠很好，老人睡眠充足，是長壽之徵。

朱敦儒的詞，還有一項特色，就是採用白話俗語入詞，不像有些詞人總要咬文嚼字，精雕細琢而成，譬如：「我不是神仙，不會鍊丹燒藥。只是愛閒耽酒，畏浮名拘縛。種成桃李一園花，真處怕人覺。受用現前活計，且行歌行樂。」這簡直就跟說話一樣，也算是一闋「好事近」。

還有值得一提的是他在詞中多處顯示自已曠達開朗的性情，比如這闋〈西江月〉：「世事短如春夢，人情薄似秋雲。不須計較苦勞心，萬事原來有命。幸遇三杯酒美，況逢一朵花新。片時歡笑且相親，明日陰晴未定。」再錄一闋：「日日深杯酒滿，朝朝小圃花開。自歌自舞自開懷，且喜無拘無礙。青史幾番春夢，黃泉多少奇才。不須計較與安排，領取而今現在。」這樣的詞，簡直跟我們常見的「養生箴言」有什麼分別？

今朝得到薌林醉——向子諲

姓向的人不多，百家姓中排一百二十九位，史云原是姜、祁、子、相四姓之後，也是莒國君主的後裔，宋代詞人中有三位姓向，以向子諲（一〇八五—一一五二）最有名，他是江西清江人，皇族外戚，入仕很早，只是生逢宋室蹁蹮，他是個忠肝義膽的血性男兒，南渡後又與秦檜相忤，罷官退隱林下，享年六十八歲。

他的詞作不少，著有《酒邊集》，在《全宋詞》中錄入一百七十五闋，《花庵詞選》中選入三闋，在北宋時代，他的詞清麗婉約、風花雪月；南渡後眼看國事蜩螗，年事已高，詞風變得慷慨憂思、酒詩歡娛，讀來親切自然，不事湊泊。

他在一闋〈西江月〉詞前自序云：「政和年間（一一一一—一一一七），余築宛丘，手植眾薌，自號薌林居士。」當時他約三十歲，就以薌林居士自稱，這個「薌」與「香」同，意即種有很多香花之林。南渡後，他退隱的居所也叫薌林，在古來文士當中，多愛梅蘭菊竹，唯獨他偏愛桂花，稱為「巖桂」，屬木犀科，不但在住所前後廣植巖桂，「薌林之居，巖桂為最。」「巖桂風韻高古，平生心醉其間。」因而詠了許多詞篇讚頌，獨步詞壇。例如這闋〈清平樂〉說巖桂：「露葉蕤蕤生光，風梢泛泛飄香，稱意中秋開了，餘情猶及重陽。」「我愛木中犀，不是凡花數。清似水沉香，色染薔薇露。」把桂花說得非凡超聖，可愛至極。還說：「便高如蘭菊，也讓芬芳。」

此外，他還以巖桂二字入詞，比比皆是，如：「年年巖桂，恰恰中秋供我醉。」「興寄小山巖桂，詩成棐几明窗。」「金幢玉節下瑶台，江梅巖桂一時開。」「千年老樹出孫枝，巖桂秋來滿地。」「巖桂秋風南埭路，牆外行人，十里香隨步。」「無忘巖桂香醪。」「江左稱巖桂，吳中說木犀。」他與客人在巖桂花下飲酒，花蕊忽墮酒杯中，遂詠了一闋〈生查子〉：「月姊倚秋風，香度青林梢。吹墮酒杯中，笑靨撩人小。薌林萬事休，獨此情未了。醉裡又題詩，不覺花前老。」在薌林巖桂叢中，他真是忘老忘憂，怡然自得。

最妙的是他還利用桂花發明了一種香精，他在一闋〈如夢令〉詞序云：「余以巖桂為爐薰，雜以龍麝，或謂未盡其妙，有一道人授取桂華真水之法，乃神仙術也，其香著人不滅，名曰薌林秋露。」這無寧是我國最早的香水，他作詞云：「欲問薌林秋露，來自廣寒深處。海上說薔薇，何似桂華風度？高古！高古！不著世間塵污。」還說它：「勝卻諸天花雨。」多麼神祕！只可惜沒有把製法說出來。

南宋王應麟《玉海》中云：「徽宗於紹興元年，書『薌林』二字賜兩浙漕向子諲。」紹興元年他已四十六歲，得到這兩字御書之後，當即填了一闋〈西江月〉寄給三位翰林學士，詞云：「得意穿雲度水，及時斫玉分金。茲游了卻未來心，怪我歸遲一任。居士何如學士，翰林休笑薌林，箇中真味少知音，不是清狂太甚。」言下非常得意自己的薌林居，以及薌林居士的稱號，因此在他往後的詞作中，不時將薌林兩字嵌入詞裡，有時自稱「薌林老」，有時以薌林指居所，而且又有不忘御賜之意，一舉數得，頗為自豪。

例如他在詞中用薌林的句子：「任笑薌林老，雪鬢霜髯。」「欲識薌林居士，真成漁父家風。」「應笑薌林冷淡，獨心知。」「薌林月冷時，玉筍雲深處。」「不知世事風波惡，何似薌林氣味長。」「掛冠神武歸休後，同醉薌林是幾年？」「今朝得到薌林醉，白髮相看萬事休。」「忍問神京何在？幸有薌林秋露。」「與薌林，歲歲花前醉。」「絕憐竹外橫斜處，似與薌林慰寂寥。」……在一闋〈水調歌頭〉中有幾句可以看出他的人生觀：「須信人生如幻，七十古來稀有，銷得幾狐裘。誰似薌林老，無喜亦無憂。」只可惜天不假年，他沒有活到古來稀有，只活了六十七歲。

老去情鍾不自持——蔡　伸

「老去情鍾不自持，清狂豈減少年時？」這是蔡伸（一〇八八——一一五六）的兩句名言，他是福建莆田楓亭人，字伸道，號友古居士，是名臣兼書法家蔡襄的孫子，二十八歲中進士，與秦檜同科，後來秦檜想拉攏他，被他拒斥，因而屢次被貶，終而告老還鄉，作〈水調歌頭〉詞末云：「慨念平生豪放，自笑如今霜鬢，漂泊水雲鄉，已無功名志，此意付清觴。」六十九歲病故。

蔡伸傳承父祖家風，少有文名，也擅書法，著有《友古詞》一卷，共一百七十五闋詞收入《全宋詞》卷二，詞風接近柳永、周邦彥，大多敘情寫意，花容月貌，即便到了晚年，仍然「無奈惜花心，老來情轉深」。因此他的詞，不是鴛被繡枕，就是斷腸垂淚，要不就是玉人攜手，夢儘堪傷，試看這闋〈驀山溪〉詞云「……攜素手，摘纖枝，插向烏雲鬢。

老來世事，百種皆消盡。榮利等浮雲，謾汲汲，徒勞方寸。花前眼底，幸有賞心人，歌金縷，醉瑶卮，此外君休問。」在奸臣當道，政敵欺凌的態勢下，他也只好寄情詩酒，施意粉黛了。

友古居士的詞，確是踵步柳周，筆下離不開嬌花倩女，喜歡稱美女為「玉人」，嬌手為「玉筍」，如云：「簾幕深深清晝永，玉人不耐春寒。」「玉人相對綠尊前。」「寒燈獨守，玉筍持盃寧復有。」「倚闌干，玉人不見坐長歎。」「玉人應怪誤佳期，凝恨正脈脈。」「窗外桃花爛熳開，年時曾伴玉人來。」「華堂薦壽，玉筍持椒酒。」「玉筍持盃，巧笑嫣然。」「曾共玉人攜素手。」……

說到「攜素手」，也是蔡伸的慣用語，他和美人都要手牽手，也許是親熱的表示，也許是年紀大的人喜歡拉起年輕姑娘的手，所謂「老來喝喝小酒，摸摸小手」。我們看蔡伸的詞中，不時提到「攜手」：「綠窗攜手，簾幕重重。」「端有妙人攜手，翛然歸路凌風。」「攜素手，細繞回塘。」「凭肩攜手于飛約。」「前度月圓時，月下相攜手。」「踏青尚憶，年時攜手。」「當時攜手今千里。」「郵亭今夜月空圓，不似當時攜手對嬋娟。」「怎知今夜，少箇人攜手。」「當時攜手，花籠淡月。」「香風暗度，攜手偎金縷。」「人靜迴廊，並肩攜手。」「黯然攜手處，倚朱箔，愁凝黛顰。」「東城，攜手地，尋芳選勝，賞遍珍叢。」「重攜手，密語叮嚀。」「起來攜手看鴛鴦。」……

可是牽了手總不能永遠不放手呀，放了手，就有離別，離別之後，就有相思，文人情感充沛，往往多愁善感，因此寫下不少纏綿悱惻的句子，這位蔡伸，喜歡用「斷腸」形容男女相思的痛苦，他的詞中，只要寫到相思，必定斷腸，與前輩詞人和凝相似，偏愛「斷腸」一詞，故有「詞苑雙斷腸」之號，好像他的腸子特別容易斷，一集友古詞中，也不曉得斷了多少腸，不信，舉例來看：

「腸斷雲帆西去，目送煙波東注。」「一彎新月，斷腸危欄獨倚。」「無情風雨，斷腸更漏催促。」「休教斷腸，楚台朝暮雲雨。」「酒闌人靜，為君斷腸時節。」「斷腸風月，關河有盡，此恨無窮。」「回頭一夢，斷腸千里。」「疊鼓凝笳都在斷腸聲。」「免使月圓時，兩處空腸斷。」「難忘，及至書來更斷腸。」「飛去自雙雙，惱人更斷腸。」「回首綠窗朱户，斷腸明月清風。」「物是人非空斷腸，夢入芳菲路。」「望極錦中書，腸斷魚中素。」「望君頻向夢中來，免教腸斷巫山雨。」「月華如練，回首成腸斷。」「斷腸風月可憐宵。」「樓前水，腸斷東流。」……，腸子斷得太多了，枚舉不完，只好打住。

其實，他用了那麼斷腸句，並非全是為了強調男歡女愛的離情，而在字裡行間，隱約借殼寄居，烘雲托月，把憂國憂時的心情，表達出來，試看這幾句：「悲歌慷慨，念遠復傷時，心耿耿，髮星星，倚杖空搔首。」就不難想像他之所以斷腸的另一個原因。

萬里江山知何處——張元幹

宋代詞人張元幹（一〇九一——一一七〇），是個愛國忠臣，字仲宗，號蘆川居士，福建永泰縣嵩口鄉月洲村人，迄今該村仍有紀念祠堂，大門有一對長聯，上聯是：「元氣接月洲欣看丹桂五枝香飄芳。」下聯是：「幹才傳永邑喜觀嵩陽全脈澤長流。」將「元幹」二字嵌在聯頭，所謂「丹桂五枝香」原是五代時馮道贈竇禹鈞五子登科的詩句：「靈椿一枝老，丹桂五枝香。」而張元幹是張動的么兒，其祖父張肩孟及五子均考中進士，官職不小，當時就被譽為「丹桂五枝香」。

一般人對張元幹的詞名並不熟悉，其實他生逢南北宋之交，他的詞風有承先啟後的功力，因為他早年在靖康之難時期，曾力助李綱保衛汴京，南渡後詞風變得悲壯沉郁，由於愛國心切，主戰抗金，雖然遭受迫害，仍然極力反對議和賣國，不畏強權，在詩詞中發舒塊壘，抨擊時局。

張元幹的文學修養很高，著有《蘆川歸來集》十卷、《蘆川詞》兩卷一百八十餘闋，紀曉嵐在《四庫全書總目》中云：「其詞慷慨悲涼，數百年後，尚想其抑塞磊落之氣。」有些學者認為，他的詞是後來辛派詞風的先驅，可見備受推崇。

大致說來，他和向子諲、蔡伸的筆調相若，都是早年清新婉約，晚年豪放悲壯，例如早期他的好詞：「花底清歌生皓齒，燭邊疏影映酥胸。」「沐出烏雲多態度，暈成蛾綠費工夫。」「可意湖山留我住，斷腸煙水送君歸。」「夢裡有時身化鶴，人間無數草為螢。」「霧柳暗時雲度月，露荷翻處水流星。」「歸夢等閒歸燕去，斷腸分付斷雲行。」……類此佳句，詞中不時湧現，寫情敘景，都很雋永。

西元一一二七年，南宋王朝建立，宋高宗起用李綱為相，張元幹為朝議大夫，積極除弊圖強，整軍備戰，但高宗仍執意聽從和談派的主張，但求偏安一隅，李綱只做了七十五天宰相就被免職，張元幹義憤填膺，寫了一闋〈石州慢〉，詞中有言：「……心折，長庚光怒，群盜縱橫，逆胡猖獗。欲挽天河，一洗中原膏血。兩宮何處，塞垣祇隔長江，唾壺空擊悲歌缺。……」抒發他的悲憤心情，因而也遭主和派的誣謗，幸有汪藻等人援救，始免於罪，他看形勢大惡，遂辭官回閩退隱。西元一一三八年，也就是宋高宗紹興八年，秦檜等籌畫與金納貢議和，張元幹知道後堅決反對，當即填了一闋〈賀新郎〉，寄給李綱，中有：「十年一夢揚州路。倚高寒，愁生故國，氣吞驕虜。要斬樓蘭三尺劍，遺恨琵琶舊語。謾暗澀，銅華塵土。喚取謫仙平章看，過苕溪，尚許垂綸否？」表示不滿朝廷向金人屈辱求和之意，感人至深，為後人所傳誦。

紹興十二年，樞密院編修官胡銓為了反對議和派，得罪了秦檜，被貶廣東新州，路過福州，張元幹特地前往拜謁打氣，並另寫了一闋〈賀新郎〉，詞中有言：「夢繞神州路。悵秋風，連營畫角，故宮離黍。底事崑崙傾砥柱，九地黃流亂注，聚萬落千村狐兔。天意從來高難問，況人情老易悲難訴。……萬里江山知何處？回首對牀夜語。」這種憂國憂民，夢繞神州的詞句，立即傳誦遐邇，又激怒了秦檜，被下令抄家削籍，還關進監獄。

不久，他又被救出監，從此浪跡天涯，到處遨遊，寫下不少悲涼痛心的詩詞，我們摘錄一些，可以看出他當時的心情：「耳畔風波搖蕩，身外功名飄忽。何路射旄頭。孤負男兒志，悵望故園愁。夢中原，揮老淚，遍南州。」「百二山河空壯，底事中原塵漲。喪亂幾時休？澤畔行吟處，天地一沙鷗。」

張元幹享年七十九歲，當他七十多歲時，還填了一闋〈隴頭泉〉，詞中有「……三十載，黃粱未熟，滄海揚塵。……整頓乾坤，廓清宇宙，男兒此志會須伸。……」可見他真是老而彌堅，永不屈服啊！

十年前事費思量——呂渭老

宋代還有一位詞人呂渭老，又作呂濱老，字聖求，嘉興人，有《聖求詞》一集，一百三十五闋詞作，只是他的生平不詳，僅知他大約在西元一一二七年前後，宣和靖康年間，徽欽二帝被金人北擄時曾為朝士，建炎紹興時期，退隱山林，以悠遊詩酒，度其晚年。

《四庫全書》紀曉嵐云：「濱老在北宋末頗以詩名，趙師會稱其愛國詩二聯、痛傷詩二聯、釋憤詩一聯，皆為徽欽北去而作，愛國詩有：『尚喜山河歸帝子，可憐麋鹿入王宮。』則南渡時尚存矣！」可惜其詩均已散帙，僅存詞一集，明儒楊慎《詞品》稱其詞「佳處不減少游『東風第一枝』，詠梅不減東坡之『綠毛么鳳。』」又云：「其詞婉媚深窈，與姜柳伯仲。」換句話說，也就是堪與姜夔、柳永的作品媲美，只是後人並未加以重視，《花庵詞選》及《白香詞譜》均未入選，所以他也就籍籍無名。

細讀其詞，清麗秀婉，但不脫詞家老套，環繞春花秋月，殘夢餘香。他的詞大多數都是在西元一一三七年，也就是紹興七年前後所寫，所以對於靖康之恥，耿耿於懷，好幾闋都提起十年前的往事：

「垂鞭佇立，傷心還病酒，十年夢裡嬋娟，二月花中荳蔻，春風為誰依舊。」「長記十年前，彼此玉顏雲髮。」「江湖載酒，十年行樂。甚近日，傷高念遠，不覺風前淚落。」「十年禪榻畔，風雨颺茶烟。」「歸來一夢，整整十年餘，人似舊，去無因，牽惹情懷破。」「淚雨難晴，愁眉又結，翻覆十年手掌，如今怎向？」「燈下揉花春去早，竹間影月索歸忙，十年前事費思量。」……

不難想見，靖康事後的十年間，那些熱血青年、愛國志士，心情是多麼的鬱卒，意志是多麼的頹唐！

富有愛國心的呂渭老，手無縛雞之力，縱然氣吞牛斗，在朝廷軟弱無能，奸臣當道，和議怯戰的氛圍中，他又能如何？還不是跟一批文人一樣，詩酒自娛，放形林野，夢中去追尋慰藉，因此他的詞幾乎少不了好夢、遠夢、春夢、醉夢、殘夢、短夢、多夢、似夢、夜夢、夢魂、夢謁、夢破、夢裡、夢斷、夢逐、夢……，「夢短屏深，清夜悠悠，悠悠。」「打窗風雨又何消，夢未就，依前驚破。」「樊子喚春歸，夢逐楊花滿院飛。」「可憐舊遊似夢。」「奈燕子樓高，江南夢斷，虛費思量。」「夢裡相逢不記得，斷腸多在杏花西。」「別來秋夜長，夢到金屏近。」「門外昏鴉啼夢破，春心似，遊絲飛遠碧。」「夢魂夜逐楊花去。」「五更殘夢迷蝴蝶。」「但夢隨人遠，心與山遙，誤了芳音，小窗斜日對芭蕉。」「雞咽荒郊，夢也無歸計，擁繡枕，斷魂殘魄，清吟無味。」「夢筆題詩，帊綾封淚，向鳳簫人道；處處傷心，年年遠念，惜春人老。」……從這些詞句中，不難看出呂濱老當時的心情，是多麼無奈無助。

呂濱老的詞，與姜柳有一點不同之處，就是較少著墨於美人的妝扮，不像他們用很多形容詞去描寫美人的黛眉秋波，粉腮嫩臉，而只是喜歡敘述女人的腰肢，大概他也像楚王好細腰，筆下就情不自禁地寫了出來，舉幾句例子來看：

「儘無言，閒品秦箏，淚滿參差雁。腰肢漸小，心與楊花共遠。」「青青柳葉柔條，碧草皺裙腰。」「晚來紅淺香盡，整頓腰肢量殘粉。」「念遠歌聲小，嗔歸淚眼長，纖腰今屬治遊郎。」「愁損腰肢，一桁香銷舊舞衣。」「檽香新染研紅綾，腰肢瘦不勝。」「守著殘燈鬥著眉，怎不腰肢瘦？」「蓬壺夢短，蜀衾香遠，愁損腰肢。」……呂渭老的詞，隱含憂國傷時，有情有義，不無病呻吟，楊慎評之不差。

曾為岳飛平冤情——史　浩

史浩（一一〇六—一一九四），字宜翁，號真隱居士，寧波人，紹興十五年，三十九歲考中進士，從此官運亨通，一直做到右丞相，告老退休後，宋孝宗御筆「四明洞天」四字相贈，封他為魏國公，悠遊山水，享壽八十九歲，是一位高壽的詞人。他的兒子史彌遠、孫子史嵩之，後來都做到丞相，當時對史家有「一門三丞相、四世二封王、五尚書、七十二進士」之美譽，可見家族之盛。

他是個南宋的大政治家，是屬於「要穩紮再穩打、先安內後攘外」的主戰派，受到皇室的倚重，他器度恢弘，不計人過，提拔過不少中興名人，並為岳飛冤獄平反，奉旨恢復官爵，照應岳家子孫，受到時人的頌揚。

由於他在政治上著有功勳，史家就忽略了他在詩詞上的成就，其實他著《鄮峯真隱漫錄》一集，詞一百四十闋，更難得的是他還編寫了〈採蓮〉、〈採蓮舞〉、〈太清舞〉、〈柘枝舞〉、〈花舞〉、〈劍舞〉、〈漁父舞〉等七部大曲歌詞，收入《全宋詞》中，殊為珍貴。

在一百多闋詞作中，大致可分為數類：勸酒詞、祝壽詞、閒居詞、花卉詞，以及節令詞，一年當中的立春、元宵、端午、夏至、七夕、中秋、重陽、除夕、守歲等節氣活動，均有填詞舒意，情景並茂；在〈花舞〉大曲中以牡丹花為貴客、瑞香花為嘉客、丁香花為素客、春蘭花為幽客、薔薇花為野客、酴醾花為雅客、荷花為淨客、秋香花為仙客、菊花為壽客、梅花為清客、芍藥花為近客等等稱呼，殊為別出心裁之作。

跟其他詞人一樣，句中總少不了花花草草，不過史浩似乎特別愛花，他有一闋〈瑞鶴仙〉，用了二十個花字，來看他是怎麼寫的：「是花堪愛惜，謝天教花信添花顏色。花紅襯花碧。燦朝陽花露，鮫珠頻滴。花光的皪，映花下，紫裀百尺。趁花時，手撚花枝，飽嗅此花消息。常恐一番花褪，失了花容，怎生尋覓？花神效力，將花貌，儘留得。更移花、並植仙家玉圃，不許花陰過隙。向花前，長把蕉花，為花主席。」恐怕再也沒有人能在一闋詞中嵌入了這麼多個花字。

後人曾有評語，說史浩的作品，缺乏文學氣息，其實在他的詞中，也有不少佳句，描景敘情，並不平凡，比如：「玉筍光寒，紫荷香潤。翠竹莖疏，碧溪流淺。柳搖金縷，梅綻玉腮。蝶羽弄輕，鶯聲囀巧。煙籠香徑，霞舒花砌。烘錦花堤，鋪緜柳巷。鶴冷風亭，鴻迷煙渚。瑞日烘雲，和風解凍。舞袖翩翻，歌聲縹緲。……」這些句子，對仗工巧，鋪敘精致，創新立意，能說沒有文學內涵？

史浩詠花詠物，有其自然本色，非常寫實，例如他在元宵節詠「搓圓子」：「玉屑輕盈，鮫綃霎時鋪徧。看仙娥，騁些神變。咄嗟間，如撒下真珠一串，火方燃，湯初滾，盡浮鍋面。……」又如：「佳人纖手，霎時造化，珠走盤中。六街燈市，爭圓鬥小。玉椀頻供，香浮蘭麝，寒消齒頰，粉臉生紅。」把婦女搓元宵、下鍋煮圓仔的情景，描寫得多麼真切平實！

這位詞人酒量肯定不差，他詠了好幾闋勸酒詞，頗有見地：「自古聖賢皆寂寞，祇教飲者留名。萬花叢裡酒如澠。……是非榮辱不關情，百杯須痛飲，一枕拚春酲。」「何妨竟夕，交酬玉觴金斝，更休辭，醉眠花下。」「醉鄉不涉風波地，睡到花陰正午，笙歌又還催起。」「三杯兩琖，眼朦朧地，長向花前醉。」從這些句中可知他應該也是一個貪杯愛花的詞客。

史浩退休後過得非常悠遊自在，他有一闋〈新荷葉〉，詳敘了生活概況：「真隱先生，家居近在東湖，茅屋三椽，自有一種清虛。秫來釀酒，便無後，也解賒沽。只愁客至，不能拚此芳壺。且樂天真，醉鄉裡，無限歡娛。時倚花枝，困來著枕蘧蘧。回觀昨夢，徒然使，心勦形臞，始知今日，得閒卻是良圖。」

猶記洛陽開小宴——曾　覿

宋黄昇《花庵詞選》中選了十四闋曾覿的詞作，並對作者介紹說：「曾純甫，名覿，號海野、東都故老。詞多感慨，如〈金人捧露盤〉、〈憶秦娥〉等曲，悽然有黍離之悲。」所謂「黍離」，是《詩經・王風》的篇名，指周室東遷，周大夫重回故土，看到往昔宮殿俱毀，變成禾黍的田地，心有所感而作。而曾覿生在北宋（一一〇九—一一八〇），適逢金人侵凌，宋室遷都江南，他曾奉派出使金國，路經江北故土，也寫了不少感慨悲愴的詞，故云「有黍離之悲」。後人評其詞風格柔媚，詞語婉麗，著有《海野詞》一集，《全宋詞》中收入一百零四闋。

曾覿是建王為太子時的內知客，受禪為宋孝宗後，以潛邸舊人權知閣門事，後來因洩密被劾，逐出朝廷，但孝宗很懷念他，三年後又召其回朝，恩寵有加，乃與龍大淵恃寵依勢，世號「曾龍」，被陳俊卿在孝宗面前苦諫朋黨之害，始漸失寵，享年七十一歲。《四庫全書提要》紀曉嵐說他：「雖與龍大淵朋比作姦，為清流所不齒，而衡其才華，應屬可觀。」

他的詞作，有一部分是應制之作，大都趨奉宮廷，歌功頌德，但其一片懷念故土、忠君愛國之情，溢乎言表，值得一讀，在他的腦中，不時追憶前塵，懷念往昔，筆下也就自然流露出來，我們看他的〈水調歌頭〉：「記當年，曾共醉，庾公樓。一盃此際，重話前事逐東流。」另一闋：「壯年豪氣，無奈黯黯陣雲浮。常記青油幕下，一矢聊城飛去，談笑盡邊頭。」又〈念奴嬌〉：「記得當年曾共賞，玉人纖手輕摘。」在另闋〈燕山亭〉中詠：「千載雲海茫茫，記舉目新亭，壯懷難盡。」在〈感皇恩〉中：「少年青鬢，耐得幾番重到，舊歡重記省，如天杳。」在〈定風波〉中：「須記，昭陽殿裡舊承恩。」「猶記洛陽開小宴。」他用好多「記」字，從多方面喚醒大家不要忘記國仇家恨，用心良苦，尤其他在庚寅歲春奉使金國，路過京師，感懷而作的〈金人捧露盤〉詞中，寫得最為傷感：

「記神京，繁華地，舊遊蹤。正御溝，春水溶溶。平康巷陌，繡鞍金勒躍青驄。解衣沽酒，醉絃管、柳綠花紅。到如今，餘霜鬢，嗟前事，夢魂中。但寒烟，滿目飛蓬。雕欄玉砌，空鎖三十六離宮。塞笳驚起，暮天雁、寂寞東風。」

昔日遨遊玩樂的故土，如今淪入異邦，猶似南唐後主李煜的「雕梁玉砌應猶在，只是朱顏改」，人非景遷，星移物換，寧不感慨萬千？

曾覿另有一闋〈憶秦娥〉，也寫得極為悽涼感人，他說：「晴空碧，吳山染就丹青色。丹青色，西風搖落，可堪淒惻。世情冷暖君應識，鬢邊各自侵尋白。侵尋白，江南江北，幾時歸得？」另一闋：「風簫瑟，邯鄲古道傷行客。傷行客。繁華一瞬，不堪思憶。叢台歌舞無消息，金尊玉管空陳跡。空陳跡。連天草樹，暮雲凝碧。」這種離家去國，流落他鄉的孤臣孽子，眼看年華漸老，心急神焦，什麼時候才能重返故土？「江南江北，幾時歸得？」讀來令人鼻酸。

歷來評論曾覿的詞，總以他的一闋〈阮郎歸〉為範例，那闋詞是：「上苑初夏侍宴，池上雙飛新燕掠水而去，得旨賦之。」換句話說，那是在上苑奉旨而寫的，原文是：「柳陰庭館占風光，呢喃清晝長。碧波新漲小池塘，雙雙蹴水忙。萍散漫，絮飄颺，輕盈體態狂。

為憐流去落紅香，銜將歸畫梁。」這闋詞是名為詠燕，詞中卻不著一個燕字，只寫燕子的動作體態，烘雲托月，讓雙燕掠水的情景突顯出來，而且還將掠水的姿勢賦予優美的意義，說是：「為憐流去落紅香，銜將歸畫梁。」這股想像力，可圈可點。

覿字讀音「笛」，兩人互相見面之意，見面禮物曰「覿儀」。文人愛國，往往徒託空言，最終唯有「人間何事最樂？擁笙歌、繡閣低帷，縱歡細酌」而已。

青笠綠蓑漁家傲——洪　適

宋代江西鄱陽湖畔出了洪家三兄弟——洪適、洪遵、洪邁，都有文學盛名，時人稱為「鄱陽英氣鍾三秀」，老大洪適（一一一七—一一八四），初名洪造，字景伯，晚年自號盤州老人，工詩詞，擅文牘，有《盤洲文集》八十卷，在《彊村叢書》中刊有《盤洲樂章》三卷，《全宋詞》中有詞一百一十二闋，他還是一位著名金石家，對漢魏碑石深有研究，與歐陽修、趙明誠為宋代三大金石家。

洪適二十五歲考上博學鴻詞科，仕途暢順，官至中書門下平章事，一一六八年五十一歲時就以老病乞休，回鄉在縣城北郭購地築屋，範圍甚廣，名為盤州，自以為號，以著述吟詠自娛，十六年後六十七歲病逝，《宋史》謂：「洪適以文學望聞，其中盤州集影響甚大，而〈漁家傲引〉是該集之代表作。」

在〈漁家傲引〉詞之前，他有幾句序言：「伏以黃童白叟，皆是煙波之釣徒；青笠綠蓑，不識衣冠之盛事，長浮家而醉月，更輟棹以吟風。樂哉生涯，翻在樂府。」因為他在湖畔生活多年，觀察漁家生涯，已有深切體會，才寫得出漁家全年每月的捕撈情狀，不是身歷其境，憑空想像，是寫不出來的。

「正月東風初解凍，漁人撒網波紋動。……二月垂楊花糝地，荻茅迸綠春無際。……三月愁霖多急雨，桃江綠浪迷洲渚。……四月圓荷錢學鑄，鱗鱗波暖鴛鴦語。……五月河中菱荇徧，絲綸欲下相縈絆。……六月長江無暑氣，怒濤漱壑侵沙觜。……七月凜秋飛葉響，長吟杳杳澄江上。……八月紫蓴浮綠水，細鱗巨口鱸魚美。……九月蘆香霜旦旦，丹楓落盡吳江岸。……十月橘洲長鼓枻，瀟湘一片塵纓洗。……子月水寒風又烈，巨魚漏網成虛設。……臘月行舟冰鑿鋅，潛鱗透暖偏堪射。……」

他將十二個月中漁家的捕魚行狀，湖濱氣象變化，四季景觀，一一詳述，礙於編幅，請恕無法全文照錄。

洪適的詞，有其獨特的風格，偏重樂章的尚有〈番禺調笑〉，與史浩的〈採蓮舞〉等相似，以詞句兼舞態並列，是為樂章。另用調寄〈生查子〉，寫成〈盤洲曲〉，介紹他居所的四季風光，與〈漁家傲引〉一樣，將全年十二月中每個月的盤洲情景，說得頭頭是道，好像美不勝收；「聽我一年詞，對景休辭醉。」這種寫法，殊屬罕見，試舉正月和二月為例：

「正月到盤洲，解凍東風至。便有浴鷗飛，時見潛鱗起。高柳送青來，春在長林裡。綠萼一枝梅，端是花中瑞。」

「二月到盤洲，繁纈盈千萼。恰恰早鶯啼，一羽黃金落。花邊自在行，臨水還尋壑。步步跟相隨，獨有蒼梧鶴。」

接下十個月，也差不多都是描述盤洲的景色風物，並沒有什麼特別之處，不過在洪適的筆下，塗脂抹粉，畫眉描唇，描寫得有聲有色，美侖美奐，好像煞有介事，引人入勝，堪稱現代爭取觀光客的文宣作品。

洪適以半百老翁乞退，在現代人看來，好似矯情，其實在當時，上了五十歲，就是鬚髮斑白的老者，難怪他在盤洲那十幾年中，所寫的詩詞出現好多「老」字，如：「吾老矣，坡輪西下，可堪弄影。」「衰老貪春，春又老，尊罍交溢。」「駒隙光陰身易老，槐安夢幻醒難覓。」「多病都緣老，寒陰可惜春。」「人已老，春將畢。」「人世難逢開口笑，老來更覺流年迫。」「心已老，眼重明。」「老來，空自笑。」「老來光景，生怕聚談稀。」「老人好靜，此樂數年稀。」他對老特別敏感，有一闋〈滿庭芳〉自敘：「華髮蒼頭，年年更變，白雪輕犯雙眉，六旬過四，七十古來稀。……」字裡行間，看出他是多麼怕老，果然活不到七十歲。

薄命才女多斷腸——朱淑真

宋代李清照和朱淑真這兩位女詞人，情多意濃、才高命薄，下場都令人堪憐，尤其是朱淑真，比李清照更不如。

朱淑真，號幽棲居士，祖籍安徽歙縣，約於北宋神宗元豐年間（一〇八〇），生於杭州仕宦之家，約卒於南宋高宗紹興初年（一一三一），自幼聰慧，好讀詩書，能曲善畫，精通音律，及笄之年，曾詠〈秋日偶成〉一詩云：「初合雙鬟學畫眉，未知心事屬他誰？待將滿抱中秋月，分付蕭郎萬首詩。」意下心中人應是一位才學兼備的郎君，豈料事與願違，無知的父母竟將她許配給一個庸俗的市民，使她大失所望，以致抑鬱而終，更可惜的是其父母將她所詠的文稿，均付諸一炬，以致她的詩詞留傳下來不多。

據明儒田汝成著《西湖遊覽志》云：「淑真，錢塘人，幼警慧，善讀書，工詩，風流蘊藉。早年父母無職，嫁市井民家，抑鬱不得志，抱恚而死。」這事可從她的一闋〈愁懷〉詩看出端倪：「鷗鷺鴛鴦作一池，須知羽翼不相宜。東君不與花為主，何似休生連理枝。」言明丈夫配不上自己，埋怨老天沒有天理。

幸虧宛陵（今安徽宣城）人魏端禮，發覺朱淑真的才華出眾，四處奔走收集她的遺作，彙而成冊，名《斷腸集》，並在序文中云：「稱揚其詞文清婉，哀感頑豔，讀之令人斷腸。」收有二十六闋詞作，不過《全宋詞》中僅收二十四闋，《白香詞譜》收入一闋〈生查子〉，後人認為那是歐陽修的作品，誤為朱淑真所作。

〈生查子〉原詞是：「去年元夜時，花市燈如畫，月上柳梢頭，人約黄昏後。今年元夜時，月與燈依舊，不見去年人，淚濕春衫袖。」後人又有說是朱淑真寫的，也有說是秦觀、李清照的作品，史料難考，莫衷一是，因其中有「人約黄昏後」之句，假如是朱淑真的作品，那表示她偷會情人，不守婦道，有損名節，但是仔細推敲，設使真是她偷會情人，豈能長隔一年，仍無聯絡？

儘管有人說那闋〈生查子〉元夜詞的筆調和語氣，不像是出自歐陽修，很像朱淑真的口吻，不過，在唐圭璋編的《全宋詞》中，仍然列為歐陽修的作品，不列在朱淑真斷腸詞內。

她另外還有一闋〈圈兒詞〉，傳說是其夫外出不歸，朱淑真寄了一封書信，正面畫了好幾個大小圓圈，反面才寫了一首蠅頭小字的〈圈兒詞〉：「相思欲寄無從寄，畫個圈兒替。話在圈兒外，心在圈兒裡。單圈兒是我，雙圈兒是你。你心中有我，我心中有你。整圈兒是團圓，半圓圈是別離，還有那說不盡的相思情，把一路圈兒圈到底。」這闋詞，未列入《全宋詞》，存目詞也沒有，可見是後人偽托的作品，試想：朱淑真對夫婿感情不洽，意境不調，怎麼會那樣有情調，寄〈圈兒詞〉催夫返家？

到了清代，梁紹王在《兩般秋雨庵隨筆》中也有一節有關〈圈兒詞〉的記載，中間只更動了幾個字，說是「有妓致書於所歡，開緘無一字」，可見這〈圈兒詞〉與朱淑真搭不上任何關係。

在僅存的二十四闋〈斷腸詞〉中，沒有一首是喜悅歡愉的，不是蹙眉，就是寂寞，要嘛就是流淚、憂愁，幾乎沒有一闋不帶「愁」字，好像整天都在愁中，試看這些句子：「應念隴首寒梅，花開無伴，對景真愁絕。」「愁悶一番新，雙蛾只舊顰。」「嬌痴不怕人猜，隨群暫遣愁懷。」「綠滿山川聞杜宇，便做無情，莫也愁人苦。」「午窗睡起鶯聲巧，何處喚春愁？」「淚洗殘妝無一半，愁病相仍。」「十二闌干閒倚遍，愁來天不管。」「酒從別後疏，淚向愁中盡。」「爭奈醒來，愁恨又依然。」「擬欲留連計無及，綠野煙愁露泣。」「愁愁愁，離腸恨淚，何處喚春愁；「綠楊影裡，海棠亭畔，紅杏梢頭。」無處不愁，可憐的女詞人；「人憐花似舊，花不知人瘦。獨自倚闌干，夜深花正寒。」令人怎不斷腸？

一事無成兩鬢霜——陸　游

陸游（一一二五—一二一０），字務觀，號放翁，紹興人，是南宋文學家，吟詩六千五百多首，填詞一百多闕，著有《劍南詩稿》八十五卷、《渭南文集》五十卷、《放翁逸稿》二卷、《南唐書》十八卷、《老學庵筆記》十卷，真是洋洋灑灑，多產作家。

這位文學家在十二歲時就能吟詩屬文，十八歲省試第一，二十餘歲參加禮部考試及格，與唐婉成親，夫婦吟詩唱和，恩愛逾恆，惜為其寡母所忌，陸游至孝，被母逼休妻，再娶王氏，感情不洽，陸游非常痛苦，適有驛卒之女，頗有姿色，又能詩文，陸游遂納之為妾，方半載即被王氏逐出家門。其妾曾詠〈生查子〉一首云：「只知愁上眉，不識愁來路。窗外有芭蕉，陣陣黃昏雨。逗曉理殘妝，整頓教愁去。不合畫春山，依舊留連住。」該詞收在《全宋詞》卷二。

陸游與唐婉離婚後，曾吟〈釵頭鳳〉一詞：「錯錯錯！莫莫莫！」唐婉再嫁趙士程，亦不美滿，看到陸游的詞，悲痛欲絕，曾回答一闋〈釵頭鳳〉，大嘆：「難難難！瞞瞞瞞！」不久即抑鬱而終，悽惻愛情，傳為千古傷心事。

這位大文學家在感情上遭受挫折，在仕途上碰上秦檜當權，他喜談論恢復失土，主張以戰拒金，一片丹心唯報國，因而被黜，幾經貶謫，秦檜死後三年，才被起用，宋孝宗賜他同進士出身，官至煥章閣待制，六十六歲告老隱居，在家多年，「眼明身健何妨老，飯白茶甘不覺貧。」享壽八十五歲。

宋劉宰在《漫塘文集》中云：「范至能（成大），陸務觀以東南文墨之彥，至能為蜀帥，務觀在幕府，主賓唱酬，短章大篇，人爭傳誦之。」可見陸游的名氣，在南宋時代，即已受到推崇。《花庵詞選》入選他的二十闋詞作，《白香詞譜》錄入一闋，《全宋詞》共錄一百四十九闋。他的詞品，能收能放，可剛可柔，明代文學家楊慎在《詞品》中謂：「游纖麗處似淮海（秦觀），雄快處似東坡（蘇軾），游之本意，蓋欲驛騎於兩家之間，故奄有其勝而不能造其極。」此語言之不差。

讀陸游的詞，發覺他的思想和靈感，始終環繞在忠君愛國與真情摯愛兩方面，若隱若現地流露出害怕老去，又不肯承認已老；萌生去思，又始終心繫朝廷，臨終前夕，還詩示子孫「王師北定中原日，家祭毋忘告乃翁」，令人感佩。

陸游退休後，非常注意養生保健，力主淡泊名利，對漁家生活，相當嚮往，他寫了兩闋〈鵲橋仙〉，中有「一竿風月，一簑煙雨，家在釣台西住。」「酒徒一一取封侯，獨去作，江邊漁父。」又吟：「不惜貂裘換釣篷，嗟時人，誰識放翁？歸棹借，樵風穩，數聲聞，林外暮鐘。」還誇獎說：「漁家真箇好，悔不歸來早。」言下之意，他有多麼羨慕漁民生活！

詞中著墨最多的是關注他的年華歲月，一再提到頭髮和鬢絲，這是其他詞人所罕見的筆觸，試看他的詞句：「胡未滅，鬢先秋，淚空流。」「時易失，志難成，鬢絲生。」「面蒼然，鬢皤然，滿腹詩書不值錢。」「行徧天涯真老矣！愁無寐，鬢絲幾縷烟茶裡。」「有誰知，鬢雖殘，心未死。」「歎圍腰帶剩，點鬢霜新。」「問鬢邊，都有幾多絲，真堪織？」「歲月驚心，功名看鏡，短鬢無多綠。」「題罷惜春詩，鏡中添鬢絲。」「新愁舊恨何時盡，漸凋綠鬢。」「華鬢星星，驚壯志成虛，此身如寄。」「笑問東君，為人能染鬢絲否？」……鬢鬢鬢！這個字，不斷出現在詞中，足見他對容貌和年華是多麼的在意。

陸游的詩詞，常被後人引用作為惕礪修身之用，如〈破陣子〉詞中指出：「仕至千鍾良易，年過七十當稀，眼底繁華元是夢，身後榮辱不自知。」在〈大聖樂〉中云：「又何須著意，求田問舍，生須宦達，死要名傳，壽夭窮通，是非榮辱，此事由來都在天。」這幾句詞，能說不是人生哲學、修身養性的指南？

須知風月尋常見——范成大

南宋中興四大詩人是：楊萬里、陸游、范成大、尤袤，一般讀者對楊、陸二人比較熟悉，對范、尤二位較為陌生，其實，范成大以田園詩著名，以宇宙詞突出，名氣並不在楊、陸之下。

范成大（一一二六——一一九三），字至能，也有版本叫致能，號石湖居士，江蘇吳縣人，著有詩集、詞集、攬轡錄等七部。二十八歲中進士，孝宗朝入參大政，曾出使金國，面執庭爭，險些被殺，是一位勇敢的詩人。

他的詩寫得較詞多，在《全宋詞》中錄有一百零四闋詞，《花庵詞選》入選七闋。他以田園詩聞名，詞作的內容，除了田家漁户的題材之外，更著墨於大自然的風光，四季晝夜的更遞，風月陰晴的變化，顯然是受到王維、蘇軾詩風的影響，讀來充滿清新流暢的感覺，曠逸脫俗，沒有繡帘畫閣、翠鬟雲鬟的脂粉氣，也沒有應制奉和的政治味，到清代，文學界曾有「家劍南（陸游）而戶石湖（范成大）」的稱謂，可見他是與陸放翁齊名的。

石湖詞句，闋闋少不了對大自然的描寫，風月、雨雪，信手拈來，幾乎是他的主要調味品，每一道菜都少不了它們，每一闋詞都採用了它們，但是並不讓人覺得有湊泊、累贅、突兀之感，大概是由於他在五十四歲就因病退隱，在鄉間度過了十三年的田園生活，農家周遭的環境，啟發了他的創作靈感所致。

這位詞人好像特別喜歡月亮，幾乎每闋詞中都要提到月亮，不舉例來看，讀者可能還不相信：「錦地繡天香霧裡，珠星璧月綵雲中。」「月見西樓清夜醉，雨添南浦綠波愁。」「夢裡粉香浮枕簟，覺來煙月滿琴書。」「百媚朝天淡粉，六銖步月生綃。」「今夕是何年？新春新月圓。」「一杯且買明朝事，送了斜陽月又生。」「雲壓小橋深，月到重門靜。」「夜夜東山銜月，日日西山積雪。」「須知風月尋常見，不似層層帶雪看。」「看了十分秋月，重陽更插黃花。」「采練橫斜春不夜，絳霞濃淡月微明。」「月色波光看不定，玉虹橫臥金鱗舞。」這些句子，前後呼應，有時更有對仗之妙，甚至烘雲托月，頻添夜色，璀燦天空。

還有許多佳句，以月為軸，令人欣賞，例如：「洗冰壺胸次，月秋霜曉。」「回首處，滿城明月曾同載。」「除了一天風月，更何求？」「月姊妬人，顰盡一彎眉。」「樓陰缺，闌干影臥東廂月。」「吳波浮動，看中流翻月，半江金碧。」「羽扇綸巾風嫋嫋，東廂月到薔薇。」「枕書睡熟，珍重月明相伴宿。」「何待桂華相照，有人人如月。」「與折一枝斜戴，襯鬟雲梳月。」「銀漏無聲月上階，滿地闌干影。」「久影吹笙，滿地淡黃月。」「風露溶溶月，滿身花弄淒涼，無限月和風露，一齊香。」……像這類含月造句的例子太多了，實在不勝枚舉。

蘇東坡在詞中也喜愛用月為襯，可是比起范成大來，還差很多，可能在他吟詠時，大概都在黃昏夜晚，窗前運思，一抬頭就看到天邊明月，自然就將它融入詞中，他不但直接寫月，有時也許覺得用得太多了，因此還有若干闋不稱月而稱姮娥，例如：「應是高唐小婦，妒姮娥清絕。」「瓊樓玉宇一般明，只為姮娥添了萬枝燈。」「醉舞空明三萬頃，不管姮娥愁寂。」「想見姮娥冷眼，應笑歸來霜鬢。」……，范成大真是一位愛月的詩人。

除了月，風字用得更多，有月就有風，有風也有月，刮風下雨是常事，但是在這位詞人的筆下，吟出了風的貌相，強調須知風月尋常見，有春風、東風、微風、西風、金風、光風、好風、松風、淒風、急風、飄風、仙風、晚晴風、可憐風、綠楊風、霧鬢風、雪晴風、風蒲、風前、風物、風露、風嬌、風惡、風姨、風情、風簾、風凍……。也不曉得還有多少風，說他是個風月詞人，也不為過。

醉裡不知誰是我——辛棄疾

與南宋其他傑出詩人詞客一樣，辛棄疾是個文學家，也是愛國志士，由於天生資質聰慧，加以閱歷豐富，將滿腔熱忱，一生際遇，發洩在詩詞創作之上，寫了《稼軒詞》上千闋，留存迄今尚有四卷六百多闋，收入《全宋詞》中。

辛棄疾（一一四〇—一二〇七），字幼安，號稼軒，山東人，二十二歲為天平節度使耿京掌管書記，次年奉表南歸任職，仕途三進三退，六十八歲辭官家居，旋病卒。《中國詩史》說他是一位「慷慨有大略」的詞人。《四庫提要》說：「棄疾詞，慷慨縱橫，有不可一世之概，於倚聲家為變調，而異軍突起，能于剪翠刻紅之外，屹然別立一宗。」紀昀對他的詞評價很高。

其實，辛詞慷慨之氣有之，婉雋之語亦不缺，六百多闋詞作，仍少不了詩酒功名、春花秋葉，倚老論事，微醺敘景，這些都是一般詞人通用的素材，他只是剪裁得比較雅致，鋪陳得相當流暢而已。

稼軒嗜酒，每一闋詞中，酒味薰人，酒氣衝天，這也是古代詩人的慣性，不能說不好，也未必就好，他的酒量似乎很大，喝酒的機會很多，但是每飲必然都會醉：「為公飲，須一日三百杯。」「三萬六千排日醉。」「總把平生入醉鄉，大都三萬六千場。」「一飲動連宵，一醉長三日。」「更從今日醉，三萬六千場。」「此詩方稱情懷，盡拚一飲千鍾。」……，一年才三百六十五天，他卻要喝三萬六千場的酒，這不是和詩人所吟「白髮三千丈」的口氣一樣膨脹麼！

他自已也承認：「但覺平生湖海，除了醉吟風月，此外百無功。」他醉後倒是蠻可愛的，「去年醉處猶能記，細數溪邊第幾家。」「江頭醉倒山公，月明中，記得昨宵歸路，笑兒童。」這算不錯，還記得回家的路，有時「醉中忘卻來時路，借問行人家住處」，連自己的家都不知方向了，那就真的是醉糊塗了。

但是，他還是堅決相信：「掩鼻人間臭腐場，古來唯有酒偏香。」那就喝罷！有一次他醉得生病了，仍然「病中留客飲，醉裡和人詩」。「要他詩句好，須是酒杯深。」真是很厲害，居然提出「以病止酒」的方法，而不是戒酒、禁酒，他還吟了一闋〈沁園春〉，序言云：「將止酒，戒酒杯使勿近。」他警告酒杯說：「杯汝前來，老子今朝，點檢形骸。甚長年抱渴，咽如焦釜，于今喜睡，氣似奔雷。……與汝成言，勿留亟退。……」自己戒不了酒，把酒杯申斥了一頓，豈不好笑？

稼軒很崇拜陶潛，文思也受到影響，很多闋詞句中，都提到陶潛，例如：「便此地，結吾廬，待學淵明，更手種，門前五柳。」「過吾廬，定有幽人相問：歲晚淵明歸來未？」「路傍人怪問；此隱者，姓陶不？」「一日東籬搖落，問淵明歲晚，心賞何如？」「淵明最愛菊，三徑也栽松。」「自有淵明方有菊，若無和靖即無梅。」「歲月何須溪上記，千古黃花，自有淵明比。」「萬事紛紛一笑中，淵明把菊對秋風。」「東籬多種菊，待學淵明。」「種柳已成陶令宅，散花更滿維摩室。」「醉倒卻歸來，松菊淘潛宅。」「看淵明，風流酷似，臥龍諸葛。」「陶縣令，是吾師。」「老來曾識淵明，夢中一見參差是。」「須信采菊東籬，高情千載，只有陶彭澤。」「傾白酒，遶東籬，只與陶令有心期。」「暮年不賦短長調，和得淵明數首詩。」還說：「我愧淵明久矣！」……左一句淵明，右一句陶令，在他填詞時，腦子裡似乎充滿了陶淵明的詩酒形象。

辛棄疾奔波一生，老來賦閒時間很短，才悟出「由來至樂，總屬閒人」。因此他以家事盡付兒曹，並以〈西江月〉一詞示之：「萬事雲煙忽過，百年蒲柳先衰。而今何事最相宜？宜醉宜遊宜睡。早趁催科了納，更量出入收支。迺翁依舊管些兒：管竹管山管水。」這闋詞，很值得銀髮族斟酌。

野雲孤飛無踪跡——姜　夔

終生布衣，耿介清高的姜夔（一一五五—一二二一），字堯章，晚號白石道人，江西鄱陽人，生於書宦門第，自幼聰明博記，詩詞均佳，「少小知名翰墨場」，可惜其父母早逝，家道中衰，他又不汲汲功名，不事生產，因此一生未仕，家貧如洗，就靠他賣字鬻文，度曲填詞換一些稿費過日子，幸虧當時許多聞人都很欣賞他，如與楊萬里、范成大、辛棄疾等人結交，成為座上清客，邀他同遊共飲，詩酒唱和，勉強得以度日。由於他多才多藝，能詩詞、擅書畫、精散文、通音律、善度曲，可謂全能作家，使他看淡了科舉仕途，不屑鑽營把結，因此畢生窮困，要不是其師蕭德藻愛才，將侄女嫁給他，恐怕會一輩子打光棍。

《四庫提要》云：「姜詞精深華妙，尤善自度新腔，故音節文樂並冠一時。」他的詞清新邈邃，意境幽深，特別講究音韻格律，所以字斟句酌，篇琢闋煉，張炎在《詞品》中說他：「詞如野雲孤飛，去留無跡。」《全宋詞》中有姜詞八十八闋，《花庵詞選》入選三十四闋，推介他是：「中興詩家名流，詞極精妙，不減清真樂府，其間高處，有美成（周邦彥）所不能及，善吹簫，自製曲，初則率意為長短句，然後協以音律。」他有詩云：「自琢新詞韻最嬌，小紅低唱我吹簫。」小紅是范成大府中的歌伎，范成大要送給他為妾，他養不起，只能在范府和她會面。

說他一生窮途潦倒，靠文友接濟度日，實不為過，他曾自吟一詩云：「南山仙人何所食？夜夜山中煮白石，世人喚作白石仙，一生費齒不費錢。」做人食客，自號白石道人，「石」與「食」偕音，不是明明自稱是「白食道人」麼？

雖然如此，但是當時和後來的文友詩儔，還是很推崇他的清介人品，佩服他的詩風詞格。朱竹垞（彝尊）云：「南宋之詞始極工，姜堯章最為傑出。」他的詞傑出在哪裡？第一是鑄字煉句，力求精巧；第二是審音協韻，極佐謳唱。他這種作風，固然塑造了他的典型，卻影響到後學的詞人，也東施效顰，只是有些人才情有所不逮，遂產生若干冗詞陳調、堆砌湊泊的詞作，降低了後來詞格的層次。

我們先看他有些佳文精句，如「高花未吐，暗香已遠。」「雙槳蓴波，一簑松雨。」「露濕銅鋪，苔侵石井。」「高柳垂陰，老魚吹浪。」「象齒為材，花藤作面。」「虛閣籠寒，小簾通月。」「覓句堂深，寫經窗靜。」「簟枕邀涼，琴書換日。」「檻曲縈紅，簷牙飛翠。」「風竹吹香，水楓鳴綠。」「蕉葉窗紗，荷花池館。」「池面冰膠，牆腰雪老。」……這些寫景文字，看似平常無奇，實則精雕細刻，言人之未曾言，敘人之未曾敘，寥寥數字，可能要推敲良久。

由於他自己擅長度曲，所以格外講究詞的音律，為了押韻，注重平仄，往往為了韻律而更改字面，熬費苦心，細讀他的詞，自度曲名篇如〈暗香〉、〈疎影〉、〈惜紅衣〉、〈淡黃柳〉、〈翠樓吟〉等，均採仄韻，其他作品，則發現他喜歡用上平聲押韻，所以常見支微之音，這些音韻比較可口易謳，是一般詞客所未曾注意到的。例如他的詞中，大多採時、知、枝、依、思、絲、西、遲、其、持等字為韻腳，讀來順口，誦來順暢，謳來順音，試舉〈小重山令〉為例：「人繞湘皐月墮時。斜橫花樹小，侵愁漪。一春幽事有誰知？東風冷，香遠茜裙歸。鷗去昔遊非，遙憐花可可，夢依依。九疑雲杳斷魂啼，相思血，都沁綠筠枝。」因此，他的詞中，到處充斥著這些韻脚的字句，試以「枝」字為例，有如：「靜看樓角拂長枝。

明朝春過小桃枝。春點疏梅雨後枝。小梅應長亞門枝。美人呵蕊綴橫枝。行過西冷有一枝。雲綠峨峨玉萬枝。」還有：「人間離別易多時，見梅枝。」「卧看花梢搖動，一枝枝。」……這一枝枝，都是與又萋萋、舞絲絲、夢依依、月低低等句隨韻而生。

他說：「文章信美知何用？漫贏得，天涯羈旅。」如果不是畢生浪跡天涯，隨人到處遨遊，他又怎能文章信美？

老子平生無他過——劉克莊

福建莆田人劉克莊（一一八七—一二六九），字潛夫，號後村居士，以蔭補官，生逢南宋後期，朝廷黨爭激烈，曾彈劾宰相史嵩，屢遭貶抑，四進四退，歷事孝宗、光宗、寧宗、理宗、度宗五朝，享年八十三歲。

劉克莊能時文，精史籍，工詩詞，著作頗豊，有《後村大全集》，在《全宋詞》中有詞二百六十三闋，《花庵詞選》入選四十二闋，與辛棄疾詞同量，是該書入選詞數最多的兩位。理宗淳祐六年以「文名久著，史學尤精」，賜同進士出身。

讀後村的詞，有如摸著石磴過溪，不但吃力，而且迷惘，宋儒張炎和明儒楊慎均云：「後村別調，大抵直致近俗，乃效稼軒而不及者。」誠然，他和稼軒的詞，還有一大段距離，但是當年竟以陸游、稼軒與他鼎足而三。

他的兩百多闋詞，大致可分為祝壽、咏花、節令三大類，其中壽詞占了九十三闋，為總數三分之一強，而壽詞中之語氣，大多奉承推崇、阿諛美言的諛句，加上他喜歡引經據典，滿紙掌故史實，讀來不但費力傷神，尤感乏味，後人譽以「劉辛並駕」，實在有點令人難以苟同。

更令人不解的是他喜歡倚老賣老，自稱老夫、衰翁、老翁，當時他已是古稀以上之年，這樣自稱，原也無可厚非，但是幾乎在每一闋詞中（除了一些替人祝壽的詞），都有老字出現，未免有點自大自負之感，我們試舉若干例句來看：

「老夫逢場慵作戲」、「老我伴身惟有影」、「老眼平生空四海」、「老矣應無騎鶴日」、「老去把茅依地主」、「老去山歌尤協律」、「老去聊攀萊子例」、「老夫愛持齊物論」、「老沒太官餂酒分」、「老學種花兼學稼」、「老去何煩援以手」、「老去歡悰無奈減」、「老子平生無他過」、「老去胸中有些磊塊」、「老去事多忘」……這些句子還勉強可以接受，請再看下面這些「老」字：

「老子頗更事」、「老夫自計甚審」、「老子衰頹，晚與親朋，約法三章」、「老子今年，忽七旬加七」、「老子平生心鐵」、「老夫白首尚兒嬉」、「老子出遊，人不知處」、「老子婆娑，怎不拂衣華省」、「老子年來頗自計」、「老矣安能為人取履」、「老去光陰馳」、「老身空在，歡娛全少」、「老先生拂袖金閨了」、「老不計生朝」……像這些吾老矣、吾衰矣的句子，充斥詞中，這代表他的心情，左一句老子，右一句老夫，叫人消受不了。

他說：「老子平生無他過。」唯有一過，就是賀壽詞寫得太多，他原是一位忠君愛國的文人，壯懷激烈，不料臨老顢頇，晚節不保，連續五六年，給奸相賈似道寫了五首祝壽詞，肉麻當有趣，阿諛當謳歌，讀了令人齒冷。

賈似道為相，私下與蒙古議和投降，奉旨督軍前線，大敗謊報大捷，是南宋滅亡的劊子手，舉國髮指，唯獨劉大詞人再三寫詞歌頌讚揚，真是不可思議，論輩份，敘年齒，劉比賈大二十五歲，賈是晚晚輩，況且後村已經告老在鄉，何以會卑躬屈膝，作詞揄揚，莫非還想取悅奸相，巴望他提拔五度入朝當官？

試皺眉一讀劉克莊八十歲時呈給賈似道五十五歲的祝壽詞：「載籍以來，于宇宙間，有功者誰？自唐堯咨禹、水行由地，宗周微管，夏變為夷。謝傅棋邊，萊公骰畔，淝水澶淵送捷旗。天不偶，生堂堂國老，真太平基。」這是上半闋，把一個賣國賊譽為史上第一大功臣，較之堯禹、管仲、謝安、寇準諸名人尤有過之，下半闋更不用例舉，全詞用了二十餘個典故，最後還說：「願年年歲歲，來獻新詞。」幸虧劉克莊於一二六九年病卒，六年後賈似道才被殺，南宋隨之滅亡，否則，劉克莊恐怕還要再寫五、六闋祝壽詞歌頌賈似道。

自古文人重氣節，難怪舒夢蘭《白香詞譜》不選劉克莊的詞入譜。

聽風聽雨過清明——吳文英

人言少不更事，曾錯把李商隱和吳文英當作女性，因李詞語多旖旎，吳名很女性化，長大後才知認錯。吳文英（一二〇〇——一二六〇），字君特，號夢窗，晚年自稱覺翁，浙江人，一生遭遇，堪與姜夔相提，也是淡泊功名，卻與權貴酬酢，如吳潛、賈似道、榮王、尹煥等詩酒唱和，悠遊江漢，六十歲困躓而亡，著作甚豐，《全宋詞》有三百三十八闋，《花庵詞選》入選九闋，《白香詞譜》入選一闋。

他的詞，宛如其名，很特別，後人評價兩極：宋尹煥序其詞集云：「求詞於吾宋者，前有清真（周邦彥），後有夢窗（吳文英）。此非煥之言，四海之公言也。」然而張叔夏卻說：「吳夢窗詞，如七寶樓台，眩人眼目，碎拆下來，不成片段。」而紀曉嵐則言：「文英天分不及周邦彥，而研鍊之功則過之，詞家之有文英，亦如詩家之有李商隱。」這正、反、中三派的看法，人言偏向張叔夏之說。

夢窗詞的長處，在於協律雅整、琢字練句、含蓄用典，但是優點也是缺點；晦澀崎嶇、雕琢斧痕、堆積過膩，讀來令人蹙額。

概括言之，他的作品予人以三感：即音色感、主觀感、纍積感。

他的筆下，不但重視韻律，而且喜歡著色，每詞均含色素，例如「暗谷流紅」、「千絲怨碧」、「天浸寒綠」、「素雲歸晚」、「丹心白髮」、「翠冷紅衰」、「綠減西風」、「籠月微黃」、「藍浮野闊」、「冷涵空翠」、「軟紅如霧」、「藉紅盛綠」、「眼亂紅碧」、「翠翳紅暝」、「空翠染雲」、「睡紅醉纈」、「半黃煙雨」、「綠暗長亭」、「剪紅情、裁綠意」、「剪綠裁紅」、「不放啼紅」、「紅圍翠袖」、「笑紅顰翠」、「紫陌青門」、「翠嬌紅溜」、「翠破紅殘」、「紅深翠窈」、「紅朝翠暮」……不是軟紅殘紅，就是暗綠凝綠，更多冷翠迷翠，他有一闋〈滿江紅〉：「翠幕深庭，露紅晚，閒花自發。春不斷，亭台成趣，翠陰蒙密。紫燕雛飛簾額靜，金鱗影轉池心闊。有花香，竹色賦閒情，供吟筆。」僅僅這半闋不到五十個字，涵蓋了多少色彩，數也數不清。

其次，夢窗的詞充滿了主觀意識，他說了算，不管旁人看法，像有些句子：「素襪塵生，行裙紅濺。」「遺襪塵銷，題裙墨黯。」「曉葉題霜，秋燈吟雨。」「白凝虛曉，香吹輕燼。」「春酌沈沈，晚妝的的。」「寫意濺波，傳愁蹙岫。」「風響牙籤，雲寒古硯。」「碧雲不破，素月微行。」「地甃桃陰，天澄藻鏡。」「苔根洗石，菊井招魂。」「香籠麝水，膩漲紅波。」「雨聲初峭，步帷素嫋。」「風籤亂葉，老沙昏雨。」「殘葉翻濃，餘香棲苦。」……，這種強人所難的主觀意識，使他筆下的萬物殊相，任意形容，精心裱褙，想要洞達，必須花費心思。

還有一點，就是纍積感，正如他自己所云：「路轉羊腸，人營燕壘。」詞句無中生有，直中塑曲，這種營造的人工結構，固屬文學的特質之一，但是過度雕飾，極力湊泊，難免有如負版之蟲，澀重難行，如〈慶春宮〉：「殘葉翻濃，餘香棲苦，障風怨動秋聲。雲影搖寒，波塵銷膩，翠房人去深扃。」這猶如曾慥《高齋詞話》所云：「秦少游自會稽入都見東坡，東坡問作何詞？少游舉『小樓連苑橫空，下窺繡轂雕鞍驟。』東坡曰：『十三字只說得一個人騎馬樓前過。』」此話也合對夢窗說說。《白香詞譜》引錢唐毛氏言：「詞五十八字以內為小令，五十九字至九十字為中調，九十一字以外為長調，古人定例也。」夢窗詞以小令為佳，長調堆砌過甚，賣弄典實，索然生厭，如三闋〈鶯啼序〉，各長達兩百四十字，宛如散文，又像短論，遠不如他的三十多闋〈浣溪沙〉、〈點絳脣〉等詞來得雋永暢爽。

夢窗詞集有四闋為奸相賈似道而寫，兩闋賀壽、一闋賀奸相西湖小築，一闋過奸相湖上舊居寄贈，被後人認為與賈似道沆瀣一氣，有損文格，不過詞中語氣，不若劉克莊的公然阿諛之甚，故姑且視為不失為狷介之士。

自醉自吟仍自笑——黃　昇

黃昇，字叔暘，號玉林，自稱花庵詞客，福建晉江人，他的生年無史可考，只知道是在西元一二〇〇年前後，也就是南宋慶元至淳祐年間，淳祐五年（一二四五）他有一闋〈病中〉詞，有句「念少年書癖，中年病酒，晚年詩愁」，依此估算，他應該享年六十餘歲，庶無疑問。

文友大都知道有一本《花庵詞選》，這本書共二十卷，分為上下兩集，上集為《唐宋諸賢絕妙詞選》，選有一百三十四位詞家，共有五百一十七闋詞作；下集為《中興以來絕妙詞選》，入選八十九位詞家，共七百八十一闋。但是大家可能不大注意，這本書的編輯人就是黃昇。

黃昇自己也是北宋詞客之一，他編《花庵詞選》，在序文中說：「中興以來，作者繼出，及乎近世，人各有詞，詞各有體，知之而未見，見之而未盡者，不勝算也，暇日裒集得數百家，名之曰絕妙詞選，佳詞豈能盡錄，亦嘗鼎一臠而已。」他也把自己的三十八闋詞附刊於後。自云：「不無珠玉在側之愧，有愛我者，其為刪之。」這是客氣話，其實他的詞，雖不能與周秦並駕，卻也清標脫俗，敘情導感，有別於劉吳，入錄詞選，附在驥尾，實應當之無愧。

憑心而論，黃昇編《花庵詞選》，是繼趙崇祚的《花間集》、曾慥的《樂府雅詞》之後的另一部搜羅宏博、遴選嚴格、編排循序的詞選，其功不可沒。

關於黃昇的生平史料，據淳祐進士胡德方為其詞選作序云：「玉林早棄科舉，雅意讀書，間從吟咏自適，閣學受齋游公，嘗稱其詩為『晴空冰柱』。閩帥秋房樓公，聞其與魏菊莊為友，併以『泉石清士』目之。其人如此，其詞選可知矣！」游公即游九功，魏菊莊就是魏慶之，乃《詩人玉屑》的作者，他有〈過玉林詩〉云：「一步離家是出塵，幾重山色幾重雲。沙溪清淺橋邊路，折得梅花又見君。」可見他們都是福建同鄉。

從黃昇自吟的一闋〈酹江月〉中，也可以看出他的生世和興趣：「玉林何有？有一灣蓮沼，數間茅宇。斷塹疎籬聊補葺，那得粉牆朱户？禾黍秋風，雞豚曉日，活脫田家趣。

客來茶罷，自挑野菜同煮。」這上半闋敘述了他的家居生活情狀，顯然非常清苦，下半闋則表達他對人生的看法：「多少甲第連雲，十眉環座，人醉黃金塢。回首邯鄲春夢破，零落珠歌翠舞。得似衰翁，蕭然陋巷，長作溪山主。紫芝可採，更尋巖谷深處。」因此，他決定不汲汲功名，不慕富貴。

這位詞人，肯定是個清瘦虛弱的文士典型，生活上沒有弦歌盛宴，也很少有衣香鬢影，更沒有瓊樓玉宇、鴛枕繡被、重簾雕欄出現在他的詞中，因為他的一生，正如樓秋房所說，是個「泉石清士」，如泉之清，似石之堅，況且晚年又體弱多病，越發清瘦。看他這闋〈木蘭花慢〉，寫在乙巳病中：「問潘郎兩鬢，更禁得幾番秋？悵病骨臞臞、幽懷渺渺、短髮颼颼。……悠悠，老來復焉求？何止賦三休。念少日書癡、中年病酒、晚歲詩愁。已攀桂花作證，便從今，把筆一齊勾。只有烟霞痼疾，相陪風月交遊。」好可憐，黃玉林晚年生活困頓，痼疾纏身，那真是人生一大苦況。

黃昇把自己的作品三十八闋附在《花庵詞選》之末，說是「不無珠玉在側之愧」。但在《全宋詞》中，卻收有他的三十九闋詞，多出一闋〈鷓鴣天〉，似乎是自壽的詞作，仍然流露出他那謙卑自抑的語氣，益發凸顯這個詞人的泉石精神，句云：「天氣晴和僅兩句，一句前是佛生辰。當年來修徐卿夢，此夕遙瞻壽宿明。拚一笑，對諸賢。山翁何以祝龜齡。蟠桃瓜棗皆虛誕，願把陰功福後人。」這闋詞，他並沒有收在《花庵詞選》當中，不知是何緣故。

荷花香染晚來風——趙長卿

在《全宋詞》中錄有三百三十七闋詞作、《詞林觀止》及《白香詞譜》各入選一闋，《詞綜》收其作品九闋的趙長卿，是宋宗室的子弟，自號仙源居士，南豐人，著有《惜香樂府》，他的生平不詳，只知他應是橫跨南北宋期間的詞人。

趙長卿的詞量豐富，大體仿效張先、柳永的詞風，穠豔中不失幽淡，纖麗中仍含清標，雅俗並陳，深淺兼具，《四庫提要》紀曉嵐云：「長卿恬於仕進，觴詠自娛，隨意成吟，多得淡遠蕭疏之致。」此評言之不差。

又是一個不求功名的詞客，他的《惜香樂府》十卷按四季編排，春景三卷、夏、秋、冬景各一卷、總詞三卷、拾遺一卷。名為《惜香》，是他非常愛惜四季的花木景緻，吟詠有嘉，而且特別重視花香氣味，所以每闋詞都少不了「香」字，讀其詞如聞其香。如詠梅：

「風較寒輕暗香飄」、「鏤玉裁瓊莫比香」、「玉質暗香無限意」、「朝來吹散真香遠」、「腦人一陣香初過」、「不憤江梅噴暗香」、「暗香浮月月微明」。詠荼蘼：「水沈山麝鬱幽香」、「檀心特地賽爐香」、「一般真色自生香」、「不須沈水自然香」、「風流元自有清香」。詠荷花：「惱殺多情香噴噴」、「冰肌瑩徹香羅雪」、「露挹新荷撲鼻香」、「荷花香染晚來風」、「醉眠花裡香無那」、「吹起荷花香霧噴人濃」……。四季都有花，處處有美人，「花作有情香，與人相久長。」

趙長卿的詞，被後人批評「通俗」，正如紀昀言他是「隨意成吟」。有些句子，順口而來，不加雕琢。如詠梅二闋：「堪笑多愁多老，管他閒是閒非。對花酌酒兩忘機，唱個哩膽囉哩。」「月送疏枝過女牆，也囉，真個是，可人香。」

這句「也囉」，應是口頭禪，他還有一闋〈瑞鶴仙〉，專用「也」字：「無言屈指也。算年年底事，長為旅也。悽惶受盡也。把良辰美景，總成虛也。自嗟歎也，這情懷、如何訴也。謾愁明怕暗，單棲獨宿，怎生禁也。閒也。有時臨鏡，漸覺形容，日銷減也。光陰換也，空辜負、少年也。念仙源深處，暖香小院，贏得群花怨也。是虧他見了，多教罵幾句也。」這是什麼詞調？難怪人家評他通俗。

仙源除了吟詠四季花卉節令之外，也寫相思閨怨，恨、愁、怨、淚諸字，充斥詞中。據他自述：「予買一妾，稍慧，教之寫東坡字。半年，又工唱東坡詞。命名文卿。原約三年，文卿不忍捨主，其母不容與議，堅索之去，令嫁于一農夫，常常寄聲，或片紙數字問訊，仙源有感，遂和其韻。」三年耳鬢廝磨，教字習唱，豈能不生情？文卿去後，害得仙源思念良殷，看他這闋〈夏雲峯〉後半闋：「照人雙眼偏明。況周郎，自來多病多情，把酒為伊，再三著意須聽。銷魂無語，一任側耳與心傾，是我不卿卿，更有誰可卿卿？」一片癡心，滿腹牢騷；「情難託，離愁重，悄愁沒處安著。」該怎麼辦？

但是他對人生利祿，看得很開，有一闋〈驀山溪〉寫遣懷：「無非無是，好個閒居士。衣食不求人，又識得，三文兩字。不貪不偽，一味樂天真……。詩酒度流年，熟諳得，無爭三昧。風波岐路，成敗霎時間，你富貴，你榮華，我自關門睡。」另一闋〈如夢令〉：「居士年來懶散，凡事只從寬簡。身外更無求，祇要夏涼冬暖。美滿，美滿，得過何須積趲？」可見他是一個樂知天命的文人。

雖然他的生平無史，可是從詞中可知他應該活到六十左右，而且是仙風道骨體形，「試著春衫羞自看，窄似年時一半。」是春衫窄了抑是身子窄了？「老去悲秋人轉瘦，更異鄉重九。」「別來為，思憶叮嚀話，空贏得，瘦如削。」「我自多情多病，對人前，只推傷酒，瞞他不得，詩情懶倦，沈腰銷瘦。」從這幾句詞中，不難想像到趙仙源是個怎麼樣的人了。

月掛霜林寒欲墜——程　垓

四川眉山名士程垓，字正伯，號書舟，生年不詳，大約是一一五〇至一二一〇年之間，因為淳熙十三年（一一八六）他遊杭州，陸游曾為其藏帖作跋，六年後再到杭州，楊萬里推薦賢良方正科未果，時為紹熙三年（一一九二），他已五十出頭，兩年後他的《書舟雅集》出版，詩人王偁為序云：「程正伯以詩詞名，鄉人之所知也。余頃歲遊都下，數見朝士，往往亦稱道正伯佳句。」可見他應當活到六十多歲。

程垓的詞，多寫鄉愁別緒、春花秋月、觀景敘情、生活拾零，文句相當雅潔，意境亦多淒婉，有柳永、秦觀之味，無白石、後村之澀，不重典故，無意雕琢。《全宋詞》錄有一百五十七闋（兩闋不全），薛礪若之《宋詞通論》還說：「柳詞雖有森秀幽暢之長，也有俚豔近俗之短，而程垓詞卻能颺其長而避其短，瀟灑脫俗，摯婉蘊藉。」此言甚當，但後學多陌其名，鮮讀其詞，實有埋珠沉玉之憾。

程垓雖然也跟其他詞人一樣，少不了春去春來，花愁花惱，不過他與蘇東坡的心情相似，詞中帶月的句子特別多；「月在衣裳風在袖。娟娟霜月又侵門。月細風尖猶未歸。當時風月愁萬結。海棠明月杏花天。幾宵和月來相就。夜深月影窗櫺白。月掛霜林寒欲墮。月到夜來愁處明。今夜粉香明月淚。月明門外子規啼。醉裡不知霜月上。今夜月明人未睡。涼月去人纔數尺。露華淒淒月半床。歸路月痕彎一寸。月傍女牆和影好。……」詞中太多太多明月，舉不勝舉。

他的筆下，有溪月、淡月、涼月、霜月、煙月、夜月、明月、風月、吹月、新月、愛月、待月、佳月、澹月、相思月、半牀月、夜深月、眉間月、重樓月、愁人月、今夜月……，幾乎每一闋詞中，都少不了月亮。

有些詞句，程垓很用心思，把情景和意境刻畫得很雅致雋永，讀來令人神往，例如：「愁緒多於花絮亂，柔腸過似丁香結。」「搖葉聲聲深院宇，折荷寸寸閒池閣。」「遲日暖熏芳草眼，好風輕撼落花心。」「淺寒帶暝和煙下，輕陰挾雨隨風灑。」「笑挽清風歸玉枕，懶隨缺月傍窗紗。」「雲補斷山疏復綴，雨回綠野清還麗。」……此外，尚有「牆外雨肥梅子；階前水繞荷花。」「只道芳時易見，誰知密約難通。」「風急常吹夢去，月遲多為人留。」「白酒欺人易醉，黃花笑我多愁。」「楊柳拖煙漠漠，梨花浸月溶溶。」「樂事燈前記，愁腸酒後知。」「病起尊難盡，腰寬帶易垂。」「愛月眠須晚，尋花去未遲。」「野水尋溪路，青山踏晚春。」……像這些句子，巧妙襯托，前後呼應，寫景敘情，曠逸纖麗。

程垓的家世大概不錯，生活豐饒，所以在四川眉山老家的書房，設計布置得像一艘船艙，謂之「書舟」，因而自號書舟居士，出版的詞集，也叫《書舟詞集》，晚年離家前往浙江臨安，一方面試探仕途，再方面以文會友，但是他似乎水土不服，鄉愁甚濃，心中一直想回家，「身在漢江東畔去，不知家在錦江頭。」「一年已負東風瘦，說愁說恨，數期數刻，只望歸時。」「蜀客望鄉歸不去，當時不合催南渡。」「舊信江南好景，一萬里，輕覓蓴鱸，誰知道，吳儂未識，蜀客巳情孤。」可見這位蜀客，對吳儂的生活環境，有點不適應，「在家不覺窮冬好，向客裡，方知道。……如今客裡傷懷抱，忍雙鬢，隨花老。」說得多麼無奈。

程垓的詞句中，鮮有旖旎繾綣的蜜愛，也很少偎香惜玉的豔情，這是詞人中很少見的。他有一闋〈蓦山溪〉，充分表達了他的人生觀：「老來風味，是事都無可。只愛小書舟，臏圍著琅玕幾個。呼風約月，隨分樂生涯，不羨富、不憂貧、不怕烏蟾墮。三杯徑醉，轉覺乾坤大。醉後百篇詩，儘從他，龍吟鶴和。升沉萬事，還與本來天，青雲上，白雲間，一任安排我。」

細品這闋詞，當可想像這位詞人的風骨和情性，不應該忘掉他的姓名。

功名富貴皆前定——趙師俠

宋太祖燕王趙德昭第七代孫趙師俠，名師使，號坦庵，居江西新幹，其生卒年代不詳，只知是淳熙二年（一一七五）進士，十三年後當了江華郡丞，推算其生平應該是一一二〇至一二〇〇年前後，著有《坦庵長短句》一卷，門人尹覺序云：「坦庵先生金閨之彥，性天夷曠，吐而為文。如泉出不擇地。連收兩科，如俯拾芥，詞章乃其餘事。」紀昀在《四庫總目提要》云：「今觀其集，蕭疏淡遠，不肯為剪紅刻翠之文，徇詞中之高格，但微傷率易，是其所偏。」這話說得中肯。

趙師俠的詞，像他同宗趙長卿的風味，有深度但是不太深，夠幽雅但是不深邃，紀昀說他「率易」，誠一針見血之言。他喜歡觀光旅行，以詞吟賦遊記；他更愛花鳥，他在《全宋詞》的一百五十四闋詞中，詠花的作品不少，如梅花、荼蘼、茉莉、牡丹、芙蓉、月季、桃花、菊花、海棠、丹桂、蓮花、紅梅、山樊、杏花、茂竹、楊柳、櫻桃花、八仙花……，都在他筆下花枝招展，美不勝收。

因為他喜愛遊山玩水，所以除了詠花吟柳之外，更有不少山光水色的描寫。「平生奇觀，愛登高臨遠，尋幽選勝。欲上層巔窮望眼，一半崎嶇危徑，萬瓦鱗鱗，四山簇簇，咫尺疏林映，山川城郭，恍然多少清興。」「憑高臨遠，倚樓凝睇，多少斷愁幽興。」這就是他的興趣，如果沒有身臨目覩，寫不出這些佳句：「雲歸遠岫千山瞑，霧映疏林一抹橫。」「霧濃煙重遙山暗，雲淡天低去水長。」「流水濺濺春意動，群山燦燦曉光迷。」「山色雲籠迷遠近，灘聲水滿忘艱阻。」……要不是登高俯瞰，哪知世間還有此等景色?「俯視塵寰如掌，翩然我欲乘風。」這種感受，是多麼瀟脫超俗!

他到福建，很欣賞八閩風光：「一水縈藍，群峯聳翠，天接高寒。平生江南江北，總未識，閩中好山。……」他登莆田壺公山吟道：「榕葉連陰，橫岡接秀，壺峰凝碧。……」又在莆田闊口白湖，寫了三闋酌獻靈惠妃的〈訴衷情〉詞：「神功聖德妙難量，靈應著莆陽。湄洲自昔仙境，宛在水中央。……」靈惠妃原先只稱靈慈夫人，因救莆田大旱有功，宋光宗紹熙元年（一一九〇），下詔加封為靈惠妃，皇帝詔曰：「靈慈福利夫人林氏，靈明丕著，惠澤亶敷，累有禦災捍患之勛，今見救旱恤民之德，參贊既弘，爵寵應尊，茲特進封為靈惠妃。」這是由夫人進封為妃之始，此後歷朝加封，到清代已追封為天后，俗稱媽祖娘娘、天上聖母。趙師俠第二闋詞有云：「茫茫雲海浩無邊，天與水相連，舳艫萬里來往，有禱必安全。」這是詞人最早頌揚湄洲媽祖娘娘的三闋詞。

這位趙氏詞客，出身和個性好像也與趙長卿相似，對人生功利的看法，同樣抱持順其自然，不忮不求的宗旨，從他的作品中，不時流露出淡泊明志的思想，先看他的這闋〈踏莎行〉：「萬事隨緣，一身須正。功名富貴皆前定。多圖廣計要爭強，如何人力將天勝？枉費機謀，徒勞奔競，到頭畢竟由他命。安時處順得心閒，饑餐困寢虧賢甚。」這是一闋很實際的處世箴言詞，說得多麼懇切！

此外，在諸篇詞中，不時可以讀到他那看淡紅塵的佳句，再舉數例：

「虛名白盡人頭，問來往，何時是休？潮落潮生，吳山越嶺，依舊臨流。」「彈指光陰如電速，富貴功名，本自無心逐。糲食粗衣隨分足，此身安健他何欲？」他的幾闋〈水調歌頭〉詞中，似乎都表達了他的人生觀：「超然遠覽失笑，名利苦紛馳。一品官資榮顯，百萬金珠豪富，空自喜家肥。會得個中理，川泳與雪飛。」另一闋有句：「蠅頭蝸角微利，爭較一毫芒。幸有喬林脩竹，隨分粗衣糲食，何必計冠裳？」在宋朝，是趙家天下，趙師俠是皇室宗親，又是進士出身，竟有如此灑脫飄逸、蕭疏淡遠的氣概，寧不令人刮目？

莫為悲秋浪賦詩——葉夢得

葉夢得（一〇七七—一一四八），字少蘊，號石林居士，蘇州人，紹聖四年考中進士，才二十一歲，從中書舍人做到尚書左丞，享年七十二歲，是一位橫跨南北宋的政治家、文學家、詩人、詞客，著作甚豐，有集《石林詞》，在《全宋詞》中錄有一百零二闋，《花庵詞選》入選七闋，並介紹他「妙齡秀發，有文章盛名」。他的確博學多才，年輕時詩詞婉麗纖巧，中年學蘇軾，轉趨豪放，南渡後筆觸多感懷時事，罷官歸湖州，居卞山下，怪石嶙峋，因號石林，遂以石林之名，著有詩詞、燕語、放言、奏議等三十多種，是位多產作家。

王灼《碧雞漫志》云：「後學東坡者，葉少蘊得六七，其才力比晁（無咎）、黃（庭堅）差劣。」其實他的詞非常簡淡明爽，曠約雅潔，敘景色、寫氣象、懷感慨、嘆年華，少不了花紅柳綠，春去秋來，不過，他除了寫「東風一夜催春到，楊柳朝來好」讚美春光之外，特別頌揚秋景之美，反對悲秋之感，有一闋〈鷓鴣天〉云：「一曲青山映小池，綠荷陰盡雨離披。何人解識秋堪美，莫為悲秋浪賦詩。攜濁酒、繞東籬、菊殘猶有傲霜枝。一年好景君須記，正是橙黃橘綠時。」這闋詞參酌引用了蘇東坡的詩句：「荷盡已無擎雨蓋，菊殘猶有傲霜枝。一年好景君須記，正是橙黃橘綠時。」他自己在詞前註云：「予居有小池種荷，移菊十本於池側，每秋晚，常喜誦此句，因少增損，以鷓鴣天歌之。」

他強調美秋，不像其他詞人褒春抑秋，所以多以秋風秋雨、秋景秋意入詞，令人一新耳目，如：「洞庭波冷，秋風嫋嫋，木葉亂隨風舞。」「碧瓦新霜侵曉夢，黃花已過清秋。」「邂逅一歡須共惜，年年長記今秋。」「雨聲蕭瑟，初到梧桐響。人不寐，秋聲爽。」「捲盡微雲天更闊，此行不負清秋。」……他有兩句得意的句子，就是「鱸蓴新有味，碧樹已驚秋」。原來蓴羹鱸膾是秋日的美味，也有想到蓴鱸就興起辭官返家的意思，難怪他對秋天特別敏感。

秋天多秋雨，秋風愁煞人，令人印象深刻，大多數人都討厭它，可是在葉夢得的筆端，卻不作風愁雨悶之想，反而把風雨淡化、美化、生活化，詞中不時有風雨出現，把雨景形容得富有詩意。

舉一些例句：「細雨黃花後，飛雁點遙天。」「麥隴如雲，清風吹破，夜來疏雨纔晴。」「一眼平蕪看不盡，夜來小雨催新碧。」「芙蓉開過雨初晴，曲池平。」「茅舍半攲風雨橫，荒徑晚，亂榛菅。」「小雨初回昨夜涼，繞籬新菊已催黃。」「蕭蕭疏雨亂風荷，微雲吹散，涼月墮平坡。」「台上微涼初過雨，一尊聊記同遊。」「捲地驚風吹雨去，卻看香霧輕浮。」「落花已作風前舞，又送黃昏雨、」「溼煙不隔柳條青，小雨池塘初有燕。」「曉日初開露未晞，夕煙輕散雨還微。」「斜風細雨家何在，老矣生涯盡箇中。」「小院雨初晴，初聽黃鸝第一聲。」「雨惜山容斂，雲矜櫂影開。」……他筆下的小雨細雨太多了，無法一一舉出。

晚年，辭官回湖州卞山下築居，建書樓藏書數萬卷，嘯詠自娛，這時候的詞句，就顯得老氣橫秋，動不動就提到「霜鬢」、「衰鬢」、「白髮」、「衰翁」、「山翁」、要不然就直接稱老，請看這些句子：「風情何似我，老去未應闌。」「卻怪老來風味減。」「老去狂歌君勿笑。」「老去情懷能有幾人知？」「老矣真堪愧，回首望雲中。」「老去狂猶在，應未笑衰翁。」「狂歌醉舞，雖老未忘情。」「老子興來殊不淺，更邀明月坐胡床。」「綠鬢朱顏老盡。」……葉夢得顯然和坦庵、仙源等詞人那種灑脫的老境觀念不同，他似乎看不開，放不下，大概是官職做得很大，曾當過蔡州、潁昌、杭州、建康等府的知府，所謂「三年清知府，十萬雪花銀」，難免有所留戀，自然臨老就會有「此生心事，老更沉迷」的感慨了。

月樣嬋娟雪樣清——毛　滂

明儒田汝成撰《西湖游覽志》中云：「元祐中，蘇子瞻守杭時，毛澤民為法曹掾，公以眾人遇之。而澤民與妓瓊芳者善。及秩滿辭去，作『惜分飛』詞以贈妓。子瞻一日宴客，聞妓歌此詞，問誰所作？妓以澤民對。子瞻語坐客曰：『郡僚有詞人而不及知，某之罪也！』翌日折簡追回澤民，款洽數月，澤民因此得名。」

蘇東坡愛才，聽了僚屬的詞，大為欣賞，自責未曾察覺部下才能，立即下令把離退的毛澤民追回來，飲酒吟詩，盤桓數月，以示嘉勉，真是好長官。

毛澤民，就是毛滂的字，浙江人，著有《東堂詞》一卷，收入《全宋詞》中二百零二闋（有一闋不全），《花庵詞選》入選五闋，他的詞，翠挹穠麗，描敘真切，尤其工於寫景舒懷，少涉豔情蜜意，宋周煇撰《清波雜誌》云：「毛詞語盡而意不盡，意盡而情不盡，何酷似乎少游也。」紀曉嵐在《四庫全書提要》說：「滂詞情韻特勝，南宋陳振孫《直齋書錄解題》謂『滂詞雖工，終無及蘇軾所賞一首者。』非篤論也。」最後一句說得中肯。

蘇東坡欣賞的〈惜分飛〉，原詞是：「淚濕闌干花著露，愁到眉峯碧聚。此恨平分取，更無言語空相覷。斷雨殘雲無意緒，寂寞朝朝暮暮。今夜山深處，斷魂分付潮回去。」毛滂的長處，是將情緒融入意境之中，用客觀萬象襯托內心思潮，無論是敘情、詠物、娛樂、山水、酬答，幾乎都用同樣的筆端，流瀉他的感觸。

也許是受蘇東坡的啟發，他的詞中不時以明月瓜代種切，在兩百零二闋詞裡，除掉三十幾闋壽詞之外，有八十五闋詞句中都嵌有嬋娟月，令人懷疑他似乎大半都是在月下吟詩填詞，否則，何以有那麼多月亮臨空？

月亮成為他詞中的重要素材，配合各種情景，烘焙他的意緒，舉一些例句來看：「檐前明月燈花墮」、「楊柳岸曉月亭亭」、「含章檐下眉如月」、「賸荒瑤花襯月明」、「攬月吟風不用人」、「贈君明月滿前溪」、「月光波影寒相向」、「溪月嶺雲紅蓼岸」、「明月侵牀愁不睡」、「今宵好月同來看」、「半山殘月南枝曉」、「雲斷月斜紅燭短」、「露濕芙蕖花上月」、「洗盡碧堦今夜月」、「銀浦流雲初度月」、「便是舊時簾外月」、「月華冷處欲迎人」、「明月一庭秋滿院」、「舊時明月猶相照」、「殘月夜來收不盡」、「更深風月更清妍」、「月樣嬋娟雪樣清」、「月明不待十分圓」……寫月寫得令人無法盡舉，只好打住。

毛滂高明之處在於有一闋〈踏莎行〉寫中秋玩月，但是整闋詞中卻不用一個月字：「碧樹陰圓，綠階露滿，金波瀲灩堆瑤琖。行雲會事不飛來，長空一片瑠璃淺。玉燕釵寒，藕絲袖冷。只應未倚闌干徧。隨人全不似嬋娟，桂花影裡年年見。」詞中差不多每句都在說月亮，就是不直接指名道姓，文學境界，詩詞意含，其奧妙就在烘雲托月，指桑說槐，令人迴腸九轉，閉目三思。

細品毛滂之詞，發覺他猶如擅長製造鏡頭氣氛的現代電影導演，往往要用乾冰或噴霧來塑造畫面迷濛的氛圍，因為他在詞句中常常用「煙」美化境界，很多事物景觀，都要加上一個「煙」字，使人覺得他所呈現的情景有一種矇矓之美，使句子也格外顯得幽雅，例如：「曲堤疏柳短長煙」、「水北煙寒雪似梅」、「煙柳風蒲冉冉斜」、「疏疏煙柳瘦於人」、「枝頭煙雪和春凍」、「露重煙寒花未徧」、「淡煙疏雨東籬曉」、「淡煙疏雨冷黃昏」、「雨昏煙重垂楊院」、「雨呼煙喚付淒涼」、「雨餘煙草弄春柔」、「雨短煙長，露濃煙重、日遲煙暖，煙縷衫輕，冷依煙雨，淡煙疏柳，鏤煙剪霧」……虧他製造出那麼多煙霧。

唯一可議的是他為了仕途，給奸相蔡京呈了好幾闋阿諛的壽詞，宛如劉克莊，晚節不保，有損文人風骨。

無限江山無限愁——周紫芝

在宋代詞客當中，女詞人並不多，卻有幾好個男詞人的名字很女性化，乍看猶似女詞人，如李慧之、俞紫芝、高子芳、張商英、吳文英、趙長卿……，這位周紫芝，名如女子，實則男士，他字少隱，號竹坡居士，宣城人，生卒年齡不詳，大約是在西元一一一五至一一七〇年前後，史載紹興十七年底，他當樞密院編修官，四年後（一一五一）知興國軍，數年後告老歸隱，他字少隱，其實應字老隱，因為從他為自己五十九歲生日所填的一闋〈水調歌頭〉，可以看出一些端倪：

「白髮三千丈，雙鬢不勝垂。人間憂喜如夢，老矣更何之？蘧玉行年過了，未必如今俱是，五十九年非。擬把彭殤夢，分付與癡兒。君莫羨，客起舞，壽瓊卮。此生但願，長遣猿鶴共追隨。金印借令如斗，富貴那能長久，不飲竟何為？莫問蓬萊路，從古少人知。」

在這闋詞前，他自註說：「十月六日於僕為始生之日，戲作此詞為林下一笑。世固未有自作生日詞者，蓋自竹坡老人始也。」一般都是由友人致贈祝壽詩文，讚頌南山東海，自己給自己寫生日詞，周紫芝倒是別出心裁。此詞告訴我們：他已五十九歲，而且業已辭官。再看一闋〈點絳脣〉，是他為夫人生辰而寫的詞：

「人道長生，算來世上何曾有。玉尊長倒，早是人間少。四十年來，歷盡閒煩惱。如今老，大家開口，贏得花前笑。」

這闋詞，告訴我們；他和夫人結褵已經四十載，古人成親較早，就算二十歲結婚罷，如今已有六十歲，所以他說：「如今老。」依此類推，周紫芝活到六十歲以上，當無疑義。

周紫芝的詞作，收在《全宋詞》中有一百五十六闋，編者唐圭璋說他：「從李之儀、呂本中遊。」李、呂均為宋代詞人，意謂他的詞是跟李、呂二位切磋而來的，不過《四庫提要》紀昀則云：「紫芝填詞，本從晏幾道入，晚乃刊除穠麗，自為一格。序稱其少師張耒，稍長師李之儀者，乃是詩之淵源，非詞之淵源也。」詩詞本是一家，周紫芝詩詞都有所成，說他「自為一格」，倒也未必。

細品竹坡之詞，除了八、九闋壽詞之外，其他各詞，不外乎「人別後、酒醒時；小庭幽。翠烟流；風又暖、花漸滿」，與晏、李、趙、葉之詞風，相隔不遠，他生於亂世，長於偏安，對汴京淪落，靖康蒙羞，朝廷南遷，受盡屈辱的感受很深，身為士大夫，自然耿耿於懷，滿腔愁緒憂悶，不時從詞作中流露出來，讀來令人深有所感，這裡不妨舉幾闋例句：

〈水龍吟〉：「……萬里東南，跨江雲夢，此情多少。問何時還我？千巖萬壑，臥霜天曉。」

〈水調歌頭〉：「歲晚念行役，江濶渺風烟。六朝文物何在？回首更淒然。……」

〈醉落魄〉：「雲深海闊，天風吹上黃金闕。酒醒不記歸時節。三十年來，往事無人說。……」

〈瀟湘夜雨〉：「……吾廬，猶記得，波橫素練，玉做寒峰，更短坡烟竹，聲碎玲瓏。擬問山陰舊路，家何在？水遠山重。……」又：「……應念江南倦客，家何在？飄泊江湖。……」好幾句「家何在？」真令人讀來心酸。

因此，周紫芝的詞中，不時有期待「歸去」的念頭，江北的家園，在金人的盤據下，怎麼歸去？「思量千里鄉關道，山共水，幾時得到？」「無憀睡起，新愁黯黯，歸路迢迢。」「煙漠漠，草萋萋，江南春盡時。可憐踪跡尚東西，故園何日歸？」「小窗醒處，夢斷月斜江悄，故山春欲動，歸程杳。」可憐的周紫芝，一心想歸去，可是當時的朝廷重臣，掌權者卻只圖偏安，「欲歸歸尚難」啊！

扇香曾靠腮邊粉——史達祖

史達祖，字邦卿，號梅溪，開封人，生年無史可查，大約在宋孝宗乾道至寧宗嘉定（一一六五—一二二四）年間，享年約六十歲，擅詩詞文牘，曾為宰相韓侂胄掾吏，著有《梅溪詞》一卷，在《全宋詞》中錄有一百一十二闋，《白香詞譜》錄入三闋，《花庵詞選》入選十七闋。

他任韓府掾吏，韓侂胄的文書，撰帖擬旨，皆出其手。寧宗開禧三年（一二〇七），韓侂胄伏誅，他也隨之受到黥刑（在臉上刺字），從此退穩山林，不知所終。

這位梅溪先生，文筆甚佳，創意縱橫，而且相當自負，雖然詞中仍少不了相思、鶯燕、春愁、花香之類的形容詞，但他自己卻總認為填詞要覓「新句、佳句、妙句、秀句」，常在詞中自稱：「今夜覓，夢池秀句。」「還因秀句，意流江外，便隨輕夢，身墮愁邊。」「空遺恨，當時留秀句，蒼苔蠹壁。」「倚珠簾，詠郎秀句。」「煙簑散響驚詩思，還被亂鷗飛去，秀句難續。」「先將高興，收歸妙句。」「愁消秀句，寒回斗酒。」……

他的確在詞中也創造了不少新句、秀句，例如：「做冷欺花，將煙困柳。」這「做」與「將」兩字用得使勁。又如：「柳院燈疏，梅廳雪在。」這兩句中故意把「燈」與「雪」錯置，構成新詞。又如：「簾波浸筍，窗紗分柳。」應該是簾波浸竹，不協韻，他乃創新以筍代竹。再如：「柳户清明，燕簾寒食。」這兩句詠寒食節及清明節，一語雙關。再如：「春風模樣，霜月心腸。」以面熱心冷咏紅梅，也比喻人情，可謂新句。再如：「酒喚詩來酒外，人言身在人間。」以及「瘦應因此瘦，羞亦為郎羞。」細品這四句，新妙佳秀，不愧是梅溪的手筆。

這位詞人的情緒和嗅覺似乎異於常人，在他那一百多闋詞作當中，幾乎很少有幾闋沒有「愁」與「香」字出現，「愁」是詞人的慣用字眼，不足為奇，但篇篇少不了「香」字，畢竟少見，試舉幾句來看看：「花外語香。歌裡眠香。吟鬢簪香。幾夜眠香。山月露香。燭底縈香。雪底夜香。荀令舊香。露點搖香。窗眼遞香。霧帳吹香。珠絡藏香。賈袖傳香。樹曉飛香。一片秋香。花落苔香。一夢蒲香。淺約挼香。幾點螺香。……」這也香，那也香，處處有愁，篇篇聞香，這也是梅溪詞句的特色之一。

他有些新句秀句，真是令人費解，例如：「河深鵲冷，雲高鸞遠。」第一句河水的深淺與鳥鵲的冷熱有什麼關聯？「柳鎖鶯魂，花迷蝶夢。」這兩句用得玄妙。「墮絮孳萍，狂鞭孕竹。」這兩句對仗工整，含意深妙，如果不知道蘇轍的詩句：「狂鞭已逐草侵徑，疏影長隨月到楹。」以及孔平仲詩句：「狂鞭迸筍偏當户，綠葉成陰巧覆墀。」那「狂鞭」是形容生長很猛速，極快鑽出地面的筍尖，不知這句掌故，倘使照字面去解釋，怎麼說也說不清楚，至於浮萍是否墮絮孳生，那只有史達祖自己知道了。

還有許多「秀句」，一言難盡，再舉一例：「祓蘭曲水，挑菜東城。」這詞句是根據《韓詩》所載，鄭國風俗，每年上巳日於溱洧之上，執蘭招魂續魄，祓除不祥；第二句「挑菜」東城，並不是到東城去挑菜，因為宋時以每年二月二日為挑菜節（踏青節），張手有「挑菜節大雨不能出詩」，史達祖喜歡用新句：「煙光惹鬢，常記故園挑菜。」其實並非當農夫做菜販，讀來令人頗費周章。

詞人姜夔特別讀賞其秀句：「奇秀清逸，有李長吉之韵，蓋能融情景於一家，會句意於兩得。」例如詠燕：「紅樓歸晚，看足柳昏花暝。」及詠春雪：「挑菜歸來，萬一灞橋相見。」詠春雨：「臨斷岸，新綠生時，是落紅，帶愁流處。記當日，門掩梨花，剪燈深夜語。」

這幾節姜夔尤為稱道，譽為「奇秀」，奇秀何在？請君推敲。

千古新亭英雄淚——劉辰翁

南宋詞人，大都是義憤填膺、忠君愛國的文士，劉辰翁也是當中的一位。

他出生於理宗紹定五年（一二三二——一二九七），字會孟，號須溪，江西吉安人。三十歲進士及第，成績優異，因對策忤犯奸相賈似道，被降評丙等，歷任教職，後入史館，做太學博士，與江萬里交情甚篤，旋參與文天祥江西幕府。宋亡，江萬里投水殉國，他乃隱居不仕而終，享年六十五歲，著有《須溪集》十卷、《須溪詞》三卷，共三百七十一闋收入《全宋詞》，中有兩闋不全，生日壽詞占了八十四闋。

晚清詞學四大家之一的況周頤評其詞云：「須溪詞風格遒上似稼軒，情辭跌宕似遺山，有時意筆俱化，純任天倪，竟能略似坡公，往往獨到之處，能以中鋒達意，以中聲赴節，世或目為別調，非知人之言也。」此評有點偏愛，也有些勉強，細品須溪之詞，孤芳抑鬱、悲情填膺，少涉風花雪月，不作無病呻吟是其特色，但是秀逸灑脫、纖穠雋永之氣，則稍欠風騷，以致名聲不顯耳。

辰翁的詞，最突出的特色，就是筆下不忘國恥，詞中每多感傷，身處南宋末期，風雨飄搖之際，念及家國，苦悶陳詞，激昂慷慨，故被譽為南宋愛國詩人。

先看他屢次提起「宣和」年代的字眼：「宣和舊日，臨安南渡，芳景猶自如故。」「父老猶記宣和事，抱銅仙，清淚如水。」「銅駝故老，說著宣和似天寶。」這「宣和」是北宋徽宗的第六個、也是最後的年號（一一一九－一一二五），也是汴京淪陷，北宋結束，徽欽二帝被金人北狩的國恥關頭，劉辰翁每次念及宣和年間的往事，就忍不住清淚如水。「看取大江東去，把酒淒然北望，說著淚潺湲。」「千古新亭英雄淚，淚濕神州塊土。」「家山何在？想見綠窗啼霧，又何堪滿目淒涼，故園夢裡能歸否？」「聽欸乃漁歌，興亡事遠，咽咽未能句。」想起國事蜩螗，不禁悲從心升，嗚咽垂淚。他在一闋〈憶秦娥〉詞前序言：「中齋上元客散感舊，賦憶秦娥見屬，一讀淒然，隨韻寄情，不覺悲甚。」元宵賞燈原是樂事，客散後豈料他又有感觸，於是寫了一闋〈憶秦娥〉，詞的原文是：

「燒燈節，朝京道上風和雪。風和雪。江山如舊，朝京人絕。百年短短興亡別，與君猶對當時月。當時月，照人燭淚，照人梅髮。」

反正南渡後逢年過節，劉辰翁都有傷感，他認為南方原是蠻荒之地，南人說的是番腔，奏的是蠻調，因此總是懷念中原正音、故鄉父老，於是就心有戚戚焉，例如他賦這闋〈柳梢青〉，寫春天的感慨：「鐵馬蒙氈，銀花灑淚，春入愁城。笛裡番腔，街頭戲鼓，不是歌聲。那堪獨坐青燈？想故國，高臺月明。輦下風光，山中歲月，海上心情。」

他的心情一直不好，透過筆觸，斷斷續續地流露出來，所以他的詞調，除了八十多闋為人祝壽的作品之外，幾乎語氣詞風都很抑悒鬱卒，因此他的作品不大討喜，以致受人冷落，他自已也感覺到長此以往，會變得很憔悴，甚至發現身旁事物，也都很憔悴，怪不得這「憔悴」二字，就被常常嵌入詞中，這兩字是其他詞人很少用的形容詞，試舉若干例句：「我怨佳人，憔悴江南不似春。」「竹籬斜閉自清妍，為伊憔悴得人憐。」「待他晴後得君來，無言掩帳羞憔悴。」「推枕為君起，憔悴庚寅何足記。」「市門索笑憔悴，便作新知。」「感恨千般，憔悴做花難。」「況落春歸道，滿懷憔悴有誰知？」「憔悴夢斷吳山，有何人報我？」

「誰念我，吟情憔悴，醉魂落魄。」「鶴髮龐眉，憔悴空山久。」「憔悴江南，秋風舊客。」「江南憔悴，荒村流落。」……在他的心目中，似乎處處憔悴，樣樣憔悴，人人憔悴，他還說：「江南春不到，但悵望，雪花夜白，人間憔悴好。」這是講反話，人間豈有憔悴好？

古來豪傑盡成塵——戴復古

戴復古，字式之，生於南宋孝宗乾道三年（一一六七—一二四八），浙江天台人，居溫嶺南塘石屏山下，因號石屏，家道小康，自幼聰慧，唯天性浪漫，不務正業，喜好遨遊江湖，尋幽探勝，不求聞達，終身布衣，享年八十一歲，堪稱高壽。

他年輕時曾從陸游學詩，頗有晚唐詩風，又好登臨，遠近名樓高臺、古蹟佳景，莫不慕名而往，流連忘返，睹景生情，激盪胸憶，感慨良深，乃反芻成文，吟詠為詩，故其作品清俊朗爽，工整秀捷，多屬登歷觀感，絕無豔詞麗句，著有《石屏集》六卷，《石屏長短句》一卷，錄入《全宋詞》中有四十三闋，《花庵詞選》入選十闋，宋代儒家學者真德秀跋其詞集有言：「戴復古詩詞，高處不減孟浩然。」雖略帶誇飾，然亦不算過分。

用現代的語氣來說，石屏是個酷愛旅遊，喜歡觀光的人，他自己在詞中說：「登臨，還自笑，逛遊四海，一向忘家。」好山好水，樓臺亭榭，樂而忘歸，真是一個瀟灑狂野，自由自在的名士，他在〈滿江紅〉詞中有幾句名言：「形勝地，興亡處；覽遺蹤，勝讀史書言語。」

所以他每遊一處，就會連想到國家興亡，可見他雖無一官半職，但是士大夫的愛國思想，仍然在他腦中盤旋，對當時的局勢，也抱著亟待中興復國的期望，所以詞中不時流露憂國憂民的語調，而且多次提出必須「整頓」的口號，例如他在〈賀新郎〉詞中云：「趁綠鬢、朱顏未老。整頓乾坤濟時了。」在〈水調歌頭〉詞中又說：「喚起東山丘壑夢，莫惜風霜老手。要整頓，封疆如舊。」在〈大江西上曲〉寄李實夫提刑詞中說：「紫樞黃閣，要公整頓天下。」他總覺得當時的局面，必須加以「整頓」，身為平民布衣，猶有此等意識，令人起敬。

史載他的一闋〈柳稍青〉詠岳陽樓，在當時極受各界傳誦，原文是：「袖劍飛吟，洞庭青草，秋水深深。萬頃波光，岳陽樓上，一快披襟。不須攜酒登臨，問有酒，何人共斟？變盡人間，君山一點，自古如今。」這闋詞之所以受傳揚，主要是充分流露出愛國情懷，登樓想到人事全非，遠眺君山（**是洞庭湖中的君山島**）依舊，有酒無人共斟，感慨何其深沉！

這位詞人，對人生看得很透徹，「過隙光陰易去，浮雲富貴難憑。但將一笑對公卿，我是無名百姓。」他就是這樣灑脫，有一闋〈望江南〉自述：「石屏老，長憶少年遊，自謂虎頭須食肉，誰知猿臂不封侯，身世一虛舟。平生事，說著也堪羞。四海九州雙腳底，千愁萬恨兩眉頭，白髮早歸休。」他能走遍四海九州，到處觀光，登高探幽，看山玩水，那是人生多麼優哉游哉的樂事，他卻說：「平生事，說著也堪羞。」真會說笑。他也很謙虛，不但自認為是無名百姓，而且「本是尋常田舍子，如何呼喚作詩人，無益費精神。」

由於他是個終生布衣的詩人，因此史上很少有關他的生平資料，不過，從他自述式的詞句中，大致可以窺出若干端倪，試讀他的這闋〈沁園春〉：

「一曲狂歌，有百餘言，說盡一生。費十年燈火，讀書讀史，四方奔走，求利求名。蹭蹬歸來，閉門獨坐，贏得窮吟詩句清。夫詩者，皆吾儂平日，感嘆之聲。」

這半闋〈沁園春〉，透露了他的身世，原來他也曾經「十年寒窗勤苦讀」，期望「一舉成名天下知」。豈料「蹭蹬」歸來，灰頭土臉，只好「閉門獨坐」，轉而吟詩填詞，唏噓感嘆，遊山玩水以打發餘生了。

他閉門獨坐悟出了人生的真諦，「但願有頭生白髮，何憂無地覓黃金？」「吾曹不墮塵埃，要胸次長隨笑口開。」因而嚮往漁樵生活，「漁父笑，笑何人？古來豪傑盡成塵。」能夠如此開朗灑脫，怪不得他能活到高壽八十一歲。

春風吹綠湖邊草——高觀國

從來詩家詞客，筆下莫不喜用「春」字，春花、春草、春思、春愁、春風、春雨……，可是，很少有如高觀國這位詞人，在《全宋詞》中收錄他的一百零八闋詞裡，竟用了一百零八個春字，平均起來，幾乎無春不成詞，有詞就有春，甚至有一闋〈卜算子〉，全詞四十四字，就用了六個春字：「屈指數春來，彈指驚春去。簷外蛛絲網落花，也要留春住。幾日喜春晴，幾日愁春雨，十二雕窗六曲屏，題徧傷春句。」真是罕見。

高觀國，字賓王，號竹屋，浙江紹興人，生卒年代不詳，只知他和史達祖交情很好，同為社友，常有詩詞唱和，兩人年齡大概也相差無多，約莫也是孝宗年間出生，大約活到六十歲上下。

竹屋的詞，歷來評者兩極化，黃昇在《花庵詞選》中入選他的作品二十闋，並說：「其詞名『竹屋癡語』，陳造為序。稱其與史邦卿（達祖）皆秦（觀）周（邦彥）之詞。所作要是不經人道語，其妙處少游、美成、若唐諸公亦未及也。」陳造是孝宗淳熙二年進士，著有《芹宮講古》，詞賦聞名，人稱「淮南夫子」，請他寫序，當然免不了要美言幾句。但是據清儒周濟《介存齋論詞雜著》中云：「竹屋得名甚盛，而其詞一無可觀，當由社中標榜而成耳。」其實這兩種極端的說法，都有偏見，依人言讀來，竹屋的作品，應稍遜於秦周，但亦有其格律嚴謹、措詞婉約、鍊字精實之境，若說是「一無可觀」，那未免太過武斷。

試舉幾句例子：「春風花信，秋宵月約。」「扇搖波影，風捲雲鬟。」「斑駁雲開，濛鬆雨過。」「感綠驚紅，顰煙啼月。」「古驛煙寒，幽垣夢冷。」「花染煙香，柳搖風翠。」……這些描寫自然景觀的屬句，相當古樸典雅，令人品味。又如：「霜月搖搖吹落，梅花簌簌驚殘。」「情寄吳梅香冷，夢隨隴雁霜寒。」「小舫半簾山色，斷橋兩岸秋陰。」以及「翠煙微冷夢凄涼，黃花香晚人憔悴。」「浪花濺白疑飛鷺，荷芰藏紅似小蓮。」「鶯聲喚起水邊情，日影炙開花上霧。」……像這些敘情寫景的秀句，不經過一番精心提鍊琢磨，是詠不出來的。

除上述這些句子，高觀國還雕塑三字一言的佳句，讓人眼睛為之一亮，如寫水仙花：「夢湘雲、吟湘月、弔湘靈。……香心靜、波心冷、琴心怨、客心驚。」詠梅花：「念瑤姬、翻瑤佩、下瑤池。……溪痕淺、雲痕凍、月痕潛、粉痕微。」以及「年華晚、月華冷、霜華重、鬢華斑。」別小看這幾句，沒有九成功力，腦子裡是擠不出那些字眼的。

歷來詩人詞客，詠「秋扇」的作品不少，竹屋一闋〈思佳客〉也詠秋扇，詞簡意深，值得細品，原詞是：「入手西風意已羞，不須玉斧為重修。撲螢涼夜沈沈月，障面清歌澹澹秋。休棄置，且遲留。可憐又向篋中收。莫教暗損乘鸞女，漢殿淒涼萬古愁。」從描敘秋扇，引出漢宮班婕妤的掌故，確費一番心思。

史上沒有高觀國的生平資料，他享壽若干，無從得知，但探索他的作品中，幾處提到「筇枝」，也就是拐杖，手杖，古人大概到了五十歲以上，半百老翁，就要拿拐杖，他在〈踏莎行〉詞中說：「瘦筇喚起登高意。」在〈八歸〉詞中云：「瘦筇相伴，舊遊回首。」他依賴手杖走路，出遊登高，可見年紀必定有五六十歲，若小於六十歲，應該還不必手杖相伴，依此推測，他享壽六十餘歲，大致差不多，尤其他對手杖還有特殊的感情，曾詠了一闋〈瑞鶴仙〉，贊揚筇枝：

「一枝蒼玉冷，愛露節霜根，從他孤勁。提攜遠塵境。自清癯骨力，歲寒心性。登臨助興，甚偏與，芒鞋相稱。……尋勝，撥開林影、斲破苔痕、緩支幽徑，分雲度嶺……。」

如此仰仗筇枝，他的年齡應該也不小了。

來時便有歸時刻——沈　瀛

用填詞來宣示人生哲學，闡揚孔孟學說的詩人詞客並不多見，沈瀛是詞客之中的異類，他少詠鴛枕繡被，避談重簾錦屏，居然引經據典，尊孔慕孟，寫了好幾闋洞察世事、勘透人情的作品，令人一新耳目。

沈瀛，字子壽，號竹齋，浙江湖州人，生於宋高宗紹興五年（一一三五），紹興三十年（一一六〇）進士，卒年不詳，只知道他（一一九三）五十九歲時被任命為江州知州，後來的史料就付闕如，推算他應享年六十多歲。

沈竹齋著有《旁觀錄》及《竹齋詞》各一卷，前者已失傳，詞作在《全宋詞》中錄有九十闋。其詞循俗稽古，描景敘感，道玄說理，探索人生，有人說他規摹柳詞，其實自有其獨特的構思，異歧的筆調，豐稔的靈感，值得欣賞。

最令人驚訝的是他押相同的韻腳，充沛的詞句，複雜的陳義，環繞在「藉酒獻壽」的主旨上，一口氣連詠了四十八闋〈減字本蘭花〉，這是全宋詞人所無人嘗試，也無人可及的壯舉，真是嘆為觀止。

這裡不可能將他那四十八闋詞全部呈現，讓讀者一睹為快，但是不妨把每闋的軸心思想摘出兩句，已可略窺其工程之浩渺：

「乘流坎止……，仰天酌酒。蓬門居止……，莫嫌村酒。停杯且止……，不須載酒。或行或止……，再傾壽酒。淵明酒止……，不如飲酒。老而不止……，昏如醉酒。不能者止……，老來怯酒。且安汝止……，腐腸是酒。不如知止……，六經如酒。動而思止……，携瓶沽酒。貪而忘止……，殘杯膹酒。人無常止……，剛而使酒。心如皎止……，半醨半酒。糾纏弗止……，禍常因酒。貪榮肯止……，華亭別酒。瞻烏愛止……，嫌茶愛酒。未行先止……，邯鄲魯酒。聖經五止……，太羹玄酒。定而後止……，好如好酒。朱幡歸止……，青君賜酒。氣昇氣止……，危樓宴酒。琴心和止……，玉英金酒。工夫莫止……氤氳似酒。擎拳仰止……，獻花跪酒。……」這裡只能舉二分之一的例句。

沈瀛有三闋〈行香子〉詞，等於是他的自傳、自述，他把自己稱為野叟，不妨摘出一些句子來看看，就可知道他是一個怎麼樣的老頭：

「野叟愚癡，一向昏迷，笑呵呵，前事皆非。……也不能文、不能酒、不能詩。……待參些禪、彈些曲、學些棋。」這闋是謙虛地說他的生活情態。第二闋：「野叟歸歟，朋友來無，數無多，幾個相於。……云陶靖節、白居士、邵堯夫。……願今生，長相守、作門徒。」這闋詞是說他的學習對象。第三闋：「野叟長年，一室蕭然，都齊收、萬軸牙籤。只留三件，三教都全。時看周易、讀莊子、誦楞經。……」這闋詞說他藏書之多（**牙籤是藏書的標誌，夾在卷中以便查閱**），閱覽之博，儒道釋三教皆通，但是他又不是佛教徒，因他在一闋〈卜算子〉詞中說：「只管要參禪，又被禪縈繞。好笑西來老禿奴，賺了人多少。……」顯然是在譏誚達摩祖師。

最特別的是他居然把《禮記・大學》中的「欲誠其意者，先致其知，致知在格物」，以及《尚書・大禹謨》中的「唯精唯一，允執厥中」，當作詞語素材，詠了四闋〈醉落魄〉，舉例來看這位儒者他是怎麼詠的：

「致知格物，初學工夫參聖域。天高地遠無窮極，欲造精微，莫若守唯一。順全天理明如日，都緣人欲來相惑。且將持敬為先人。若能持敬，真個是神力。」「致知格物，孔孟學問從茲出。聖言句句皆真實，涵養功深，將見自家得。毋意毋我毋固必，視聽言動非禮勿。勝己之私之謂克。克盡私心，天理甚明白。」

這種詞語，在詞家看來，是會皺眉蹙額的，但是他卻從千山萬壑中，另闢一條蹊徑，坦率地告訴大家：「來時便有歸時刻，歸時便是來時迹。世間萬事曾經歷，只看如今，無不散筵席。」我們常說「天下無不散的筵席」，原來語出於此。

眼底相思心裡事——石孝友

南宋知名詞人石孝友，字次仲。孝宗乾道二年（一一六六）進士，但後來官運不佳，仕途坎坷，四十多歲就辭職歸隱，以吟詩賦詞、飲酒賞花自娛，著有《金谷遺音》、《直齋書錄題解》各一卷，在《全宋詞》中錄有一百五十闋詞作。明儒楊慎在《詞品》中說其詞「清奇宕麗」。清儒張宗橚在《詞林紀事》中云：「石詞大都迷花殢酒，弄月嘲風之作。」此語甚為中的。

石孝友的詞，一百多闋當中，可分為兩大部分，一雅一俗，涇渭分明，如果不是湊在一卷當中，幾乎會令人疑為出自兩位詞家之手，其中有些小詞，語意清新，詞句纖麗，情調柔和，韻律協節，讀來有點像黃庭堅、柳屯田的作品；但是，其中有一部分又極其通俗平庸，夾雜俚語俗語，接近元明散曲，與詩詞的原貌真神，相去甚遠。所以說：他的作品，是很異類、很獨特的結晶體。

花鳥與美人，是他詠詞的基本素材，縯繹出作者對花鳥的欣賞，對美人的懷思，不管是寫景敘情，都隱約含蘊著男女相思相憶的情調，有些句子，儘管扭揑作態，搔首弄姿，確也雅潔可喜，雋永可讀，不妨摘其數句，供君賞析：

「收拾眉尖眼尾情，當筵相見便相親。偷傳翡翠歌中意，暗合鴛鴦夢裡身。」「懊恨無情緒，嬌羞忍笑容。」「舊事深琴怨，新愁減帶圍。」「翠沾眉上柳，紅搵臉邊花。」「鴛鴦有底情難盡，蝴蝶無端夢易驚。」……像此類刀工精細的句子，圍繞著女意郎情，把他的詞裝綴得有聲有色，彩繪得淺紅淡綠。

男女之情，是石孝友詞中的核心，明的暗的，隱隱約約，總離不開相見、相遇、相逢、相憶、相思，我們試舉一些相思句：

「小軒獨坐相思處，情緒好無聊。」「憑誰寫此相思曲，寄與馮川鄭小奴。」「相思樹上雙棲翼，連理枝頭並蒂花。」「十分清瘦有誰知？一點相思無處著。」「有意相思無意共，不如休做夢。」「殷勤密約，做造相思。」……他除了用詞譜「長相思」詠相思之外，還用「蝶戀花」詠相思：「別後相思無限憶，欲說相思，要見終無計。擬寫相思持送似，如何盡得相思意?眼底相思心裡事，縱把相思，寫盡憑誰寄?多少相思都做淚，一齊淚損相思字。」數數看，光在這一闋詞中，就用了七個相思的字眼。

以上是說石孝友詞作「雅」的部分，至於「俗」的部分，更值得一談。

這俗的部分不但用語通俗，如同散曲，宛似對白，翻遍全宋詞譜，在詞句中使用我、你、伊、兒等字眼的作品，實在少見，而石孝友卻大膽地嘗試，顯然是要打破傳統的規格，掙脫文字的縛束，自我標新立異，另闢蹊徑。

例如這闋〈行香子〉：「你也嬌癡，我也獨迷，望今生，永不分離。……負我辜伊，鳳絃再續，鸞鏡重窺，且等些時，說些子，做些兒。」又如這闋〈清平樂〉：「……才郎妾貌相當，有些似欠商量。看你忔憎模樣，更須著我心腸。」另一闋〈西江月〉：「……惜你十分擱就，把人一味禁持，這回斷了更相思，比似人間沒你。」不但用俗語，連土話方言都用上了。

更妙的是還有兩闋〈惜奴嬌〉：「我已多情，更撞著多情底你，把一心，十分向你，盡管他們、劣心腸，偏有你。共你，風了人，只為個你。宿世冤家，百忙裡，方知你，沒前程，阿誰似你?壞卻才名，到如今、都因你!是你，我也沒心兒恨你。」另一闋：「合下相逢，算鬼病、須沾惹，閒深裡，做場話霸，負我看承，枉駝我，許多時價，寃家，你教我、如何割捨？苦苦孜孜，獨自個、空嗟呀。使心腸、捉他不下。你試思量，亮從前，說風話，寃家，休直待，教人咒罵！」你讀得下去嗎？不過，這正是往後元明散曲的源頭呢。

不斬樓蘭心不平——劉　過

和岳飛之孫岳珂交情甚篤的南宋詞人劉過（一一五四—一二〇六），他單名過，既有過則改之，故字改之，號龍洲道人，江西吉安人。《嘉靖崑山縣誌》載：「劉過，廬陵人也，尚氣節，喜飲酒，高視一世，恆以功名自期，長於談兵，為文章豪放英特，……既死無子，馬叔文與主簿趙希楙共出資買地於馬鞍山之東葬之。」憑這些記載，差不多就可概括瞭解劉過的一生了。

不錯，劉過是一個好談劍論兵的書生，生在高宗紹興二十四年，對前朝被逼南遷的國恥，印象猶深，雖然是秀才出身，卻滿腔熱血，充滿收復失土的雄心壯志，所以總是口出狂狷，主戰北上，恢復失土，因此交往的人都是主戰派的人士，如辛棄疾、陸放翁、岳珂等人，他曾為辛棄疾門客，兩人詞風也相近，著有《龍洲集》及《龍洲詞》各一卷，錄入《全宋詞》者有八十六闋、《白香詞譜》一闋、《花庵詞選》入選十闋，黃昇云：「其詞多壯語，蓋學稼軒者也。」黃夢華《宋六十家詞選》云：「龍洲自是稼軒附庸，然得其豪放，未得其宛轉。」所言極是。

劉過有才氣，卻無官運，四次赴考，都名落孫山，在〈沁園春〉詞中自述：「……四舉無成，十年不調，大宋神仙劉秀才，如何好？將百千萬事，付兩三杯。未嘗戚戚於懷，問自古英雄安在哉？……」因此不再應舉，放情詩酒，浪跡江湖，蹭蹬以終。岳飛之孫岳珂在其所著《程史》中有兩段記敘他的糗事：「辛稼軒帥越，聞其名，遣价招之，惜以事不及行，因倣辛〈沁園春〉一詞，併緘往。辛得之大喜，致餽數百千，竟邀之去，館燕彌月，酬唱亹亹，垂別，賙之千緡，改之歸，竟蕩於酒，不問也。」另一段云：「改之中席自言，掀髯有得色。余率然應之曰：『詞句固佳，然恨無刀圭藥，療君白日見鬼症耳。』座中哄堂一笑。」

從岳珂筆下所敘的劉改之，當可知道他是一個何等狂逸放蕩的文人。

他隨緘寄給辛稼軒的〈沁園春〉一詞，開頭就說：「古豈無人，可以似吾？稼軒者誰！」當他要辭別辛稼軒時，留下一闋〈念奴嬌〉云：「知音者少，算乾坤許大，著身無處？直待功成方肯退，何日可尋歸路。多景樓前，垂虹亭下，一枕眠秋雨。虛名相誤，十年枉費辛苦。……」他就是這樣的一個人。

他自稱「多病劉郎瘦」，顯然是個瘦弱書生，文縐縐手無縛雞之力，卻好談兵論戰，壯志凌雲：「斬樓蘭、擒頡利、志須酬。」「想刀明似雪，縱橫脫鞘；箭飛如雨，霹靂鳴弓；威撼邊城，氣吞胡虜。」這語氣何等慷慨！最妙的是他只能運筆而不能拔劍，卻在詞中不時提刀舞劍，其志可嘉，其心可獎！如：「空老英雄淚，腸斷劍鋒冷。」「腰下光鋩三尺劍，時解挑燈夜語。」「腰劍上，隴西平賊。」「弓劍出榆塞，鉛槧上蓬山。」「拂拭腰間，吹毛劍在，不斬樓蘭心不平。」「見秋原如掌，槍刀突出，星馳鐵騎，陣勢縱橫。」……怪不得岳珂會笑他。

不過，他對飲酒倒是十分在行，在其詞中，「酒與醉」這兩字是充斥字裡行間，而且頗多佳句，試略舉數句：「把酒問春春不管，枉教人，只凴空斷腸。」「人道愁來須殢酒，無奈愁深酒淺。」「嚴風催酒醒，微雨替梅愁。」「別酒醺醺容易醉。」「素面偏宜酒暈，曉妝淨洗啼痕。」「一杯自勸羔兒酒，十幅銷金暖帳籠。」……他詞中的酒很多，難以盡舉。

在劉過留下的八十六闋詞中，最令人言欣賞的一闋是〈六州歌頭〉題岳鄂王廟，對岳飛傾慕不已，心有同感，特錄其前半闋以饗讀者：

「中興諸將，誰是萬人英？身草莽，人雖死，氣填膺，尚如生。年少起河北，劍三尺，弓兩石，定襄漢，開虢洛，洗洞庭。北望帝京，狡兔依然在，良犬先烹。過舊時營壘，荊鄂有遺民，遺故將軍，淚如傾。……」

平生常為梅花醉——韓淲

風花雪月、鴛鴦鶯燕、楊柳雲煙、春夢酒愁，這幾個名詞，是古代詩人詞客必備的配料，如果沒有它們，似乎就吟不成詩，填不了詞。

韓淲，是南宋著名詞人，其作品當然也少不了那些配料，尤其是「春」與「花」，更是他的最愛，在留下的一百九十七闋詞作中，幾乎闋闋春色，處處花香。

他是「一代冠冕」韓元吉（無咎）尚書的兒子，父是名家子傑出，一點也不錯。他生於紹興二十九年（一一五九—一二二四），字仲止，號澗泉（其父號南澗），著有《澗泉集》二十卷、《澗泉日記》十卷、《澗泉詩餘》一卷。據紀昀《四庫總目提要》說他：「制行清高，恬於榮利，一意以吟詠為事，平生精力，具在於斯。」

韓淲早年以父蔭入仕，但他志行高操，清苦卓絕，看不慣官場嘴臉，受不了少許委屈，所以五十歲就休官歸隱，吟唱自娛，享年六十六歲。

他的詞，受其父韓無咎的影響，偏向委婉風格，「莫道閒詩浪句，風花雪月雲煙。」這是他的自白，吟讀他的詞章，的確正如所言，除卻風花雪月雲煙，其餘的可說所剩不多。他筆下相當細緻，詩思也很纖柔，讀他以風花雲煙舖展情景的佳句，予人有夏日渴飲澗泉之感，試舉數例共賞：

「雨溼杏腮疑淡淡，風迷柳眼半㒖㒖。」㒖㒖是舞不能自正之意。「月影靜搖風柳外，霜華寒侵雪梅邊。」「山倚虛窗情淡淡，水流清淺韻泠泠。」「屋上青山列晚雲，水邊紅袂映斜曛。」「花重嫩舒紅笑臉，葉稀輕拂翠顰眉。」「燕子鶯兒情脈脈，柳枝桃葉恨忽忽。」「帆迎山色來還去，艣破灘痕散復圓。」「夜靜曲聲初噴竹，酒深燭影細吹花。」……細品各句，前後屬對，互相呼應，情景俱備，聲色兩全，不能不佩服作者運思鑄字之巧。

這位詞人喜歡用疊字，詞中常有猗猗、飄飄、字字、拍拍、青青、滴滴、遙遙、纖纖、擾擾、悠悠、細細、颼颼、漠漠、枝枝、渺渺、冥冥、聲聲、絲絲、沈沈、盈盈、蕭蕭、杳杳、冉冉、村村、點點、紅紅、白白、陰陰、迢迢、薄薄、厭厭、潺潺、濛濛……，這也許是他的偏好。

在其詞中不時出現佳句反應人生哲思，表達他對處世的觀感，頗為精闢，不妨也舉一些例句，與讀者分享：「貴不能淫非一日，老當益壯未多時。」「安得有詩同爾句，可教無酒泛其杯。」「人間天上風雲會，眼底眉前歲月知。」「閒裡常愁無伴侶，老來不是有情人。」「酒不為渠閒放蕩，詩應嫌我太粗疏。」「翁善於人知美矣，我行於世轉乖然。」「夢不到時詩自在，興難忘處恨全消。」「往往眼甜口苦，常常心是身非。」「莫笑老來多歲月，肯教閒去少詩歌。」……像這些句子，嵌在詞中，無形中猶如畫龍點睛，把虛弱柔軟的詞意增添了一股骨力。

他愛花惜草，自然就與春天有關，所以詠花必帶春，吟春定有花，在眾多花草之中，特別喜歡梅花，自說「平生常為梅花醉」。作品中不時出現：「江梅標韻木香嬌」、「明窗玉蠟梅枝好」、「紅梅已謝杏花開」、「冬來欲問梅花使」、「梅催春動已熹微」、「折盡梅花傷歲暮」、「柳淺梅深鬢影鬆」、「細雨梅花只斷魂」、「又是臘前梅態度」、「一朵梅花百和香」、「道上疏梅花一樹」、「綠竹疏梅今在否」、「小春時候臘前梅」……他不但賞梅、愛梅、吟梅、而且還親自栽梅，「手種幾多梅，迎霜今已開。」這種閒情逸致，天生癖好，真可與林和靖稱兄道弟了。

別以為韓滮只善詠春賞梅，他有一闋〈菩薩蠻〉酒中戲成，竟句句含秋，把秋天也吟得鋪天蓋地：「秋林只共秋風老，秋山卻笑秋吟少。恰恨有秋香，青巖秋夜涼。清秋須是酒，結客秋知否？醉笑寫成秋，一秋無復愁。」

磨邊旋蟻何曾息——魏了翁

南宋詞人魏了翁（一一七八—一二三七），字華父或華甫，四川蒲江人，自幼聰慧，好讀書，日誦千餘言，過目不再，十七歲就寫〈韓愈論〉，鄉里譽為神童。慶元五年（一一九九），二十二歲登進士，踏入仕途，力主抗金，諫開邊事，被御史徐相劾其狂妄，兼逢父故丁憂，遂辭官返里，築屋白鶴山下，講學授徒，學者稱鶴山先生。

理宗曾御書「鶴山書院」四大字賜之，他後來又被起用，歷仕州郡，及資政殿學士等官職，嘉熙元年病卒，享年六十。著有《鶴山大全文集》一百零九卷、詞三卷。他窮古學經，對易經亦有研究，自稱：「為學不傍依門户，能卓然成一家之學。」又說：「余無他嗜，唯書癖殆不可醫。」因此畢生讀書、著書、愛書、藏書，與葉夢得為南宋兩大藏書家，有書十萬卷，後來均捐贈鶴山書院。

讀鶴山先生的詞，人言起先有點反感，因為收錄在《全宋詞》的一百八十九闋詞作中，竟有一百闋是生日祝壽的賀詞，其他則多屬勸酒和韻之類的詞作，在南宋詞人的作品中，壽詞固然也有，但沒有一個像鶴山先生寫得那麼多，而且他們那些壽詞，多屬歌功頌德、阿諛讒媚的馬屁文章，如劉克莊之壽奸相賈似道，讀後令人齒冷，唯獨鶴山先生的壽詞，多為親友故交而寫，言下每多惕勉，所以很少奉迎把結的肉麻句子，這可說是魏了翁過人之處。

南宋詞人張炎在其《詞源》中指出：「難莫難于壽詞，倘盡言富貴則塵俗，倘盡言功名則諛佞，倘盡言神仙則迂闊虛誕。」為人撰寫祝壽詞，不讚譽功名騰達、富貴榮華，不祝禱壽比南山、福如東海，哪還有什麼好話可賀？但是魏了翁卻能跳出範疇俗語，把生日祝詞東拉西扯，說得天花亂墜，與眾不同。

譬如他在壽詞也談富貴，可是語帶警惕，而無阿諛之意：「富貴誰不有，借問此何緣？」「眼前富貴餘事，所樂不存焉。」「等閒富貴浮雲似，須存留，幾分清論。」「富貴姑勿道，借問此何緣？」「浮雲富貴非公願，只願公身健。」「眼前富責渾閒歷，箇中真樂天然的。」「富貴關人何事，且問此何緣？」「人生豈必高官員？願長對，詩書習氣。」……在壽詞中，還在好幾闋詞中三番兩次地告訴壽星說：「人生天地兩儀間，且住百來年。」這類語氣，是不是有點怪怪的？

他在祝李參政璧惠生日壽詞〈滿江紅〉中有：「枰上舉棋元不定，磨邊旋蟻何曾息？」賀劉左史光祖進職奉祠之〈滿江紅〉，以及應提刑懋之生日賀詞〈臨江仙〉中，也有「磨中旋蟻渺何窮？」之句，這兩句賀詞，可是有典實掌故的。

先看「枰上舉棋元不定」這句賀詞，源出《春秋》，衛獻公暴虐無道，大臣孫林公與寧殖密議，將獻公驅逐出國，由齊國收留，另擁立殤公為衛國君主，十多年後，寧殖去世，其子寧喜當上左相，這時，齊國支持獻公返國復辟，遂與寧喜秘密接觸，要他廢掉衛殤公，事成之後，將委以大權，寧喜受到誘惑，很難下决心，即所謂「舉棋不定」，經過長考，終於允承合作，將衛殤公廢掉，迎衛獻公回國復職。次年，寧喜全族都被衛獻公殺掉，這就是「舉棋不定」的下場。

至於「磨邊旋蟻何曾息」這句詞，要從《晉書》卷十一〈天體〉中去找源頭，據《周髀家》云：「天圓如張蓋，地方如棋局。天旁轉如推磨而左行，日月右行，隨天左轉，故日月實東行，而天牽之以西沒，譬之于蟻行磨石之上，磨左旋而蟻右去，磨疾而蟻遲，故不得不隨磨以左回焉。」

魏了翁那句詞的意思是說：天道循環不息，如同磨盤不停地向左旋轉，而人們就像磨盤上的螞蟻一樣，畢生一直拼命朝右跑，不眠不休，殫精竭慮，但是永遠也跟不上那旋轉磨盤的速度，因此奉勸壽星，要看透人生，勿作磨盤上的螞蟻。

所以他的賀詞總是對壽星說：「世事正怱忙，天意那可問？只願善人昌。」

歸夢不知家遠近——黃　機

南宋還有一位詞人，名叫黃機，字幾仲、或幾叔，性好讀書愛竹，住家前後均種修竹，因號竹齋，浙江人，其生平不詳，只知與岳珂、辛棄疾、郭應祥等有詩詞唱和，大約也是宋孝宗、光宗（一一八〇—一二四〇？）時代出生的文人，曾經做過州郡的官員，後來退隱故里，著有《竹齊詩餘》一卷，有九十六闋收入《全宋詞》內。明儒毛晉將他錄在《宋六十名家詞》之列，並跋其詞曰：「竹齋不泛寵柳嬌花、燕頡鶯頏等語，何愧大晟上座。」清儒李調元《雨村詞話》中亦云：「黃機竹齋詩餘，清真不減美成。」說他的詞婉麗清純，不亞於周邦彥。此說只對了一半，不錯，黃機的小調詞令，的確頗為委婉纖麗，但是他的長調吟詠，卻是相當沉重淒涼、慷慨激昂，頗有辛棄疾的風味。

因為黃機的長調詞篇，大都是與岳飛之孫岳珂，以及辛棄疾等人和韻，內容就聚焦在時局國事方面，摒卻鶯燕花鳥，所以不能全與周邦彥的詞相提並論。《四庫總目提要》說得對：「黃機贈岳珂諸詞，皆沉鬱蒼涼，不復作草媚花香之語。」清儒陳廷焯《白雨齋詞話》也認為：「黃機〈虞美人〉詞慷慨激烈，髮欲上指，詞境雖不高，然足以使儒夫有立志。」此言不差。

竹齋有六十多闋小令（五十八個字以內），大都敘情描景，惜春憶舊，旖旎婉約，近乎周調，毛晉說他「寵柳嬌花」，確是沒錯，如〈浣溪沙〉有句：「柳轉光風絲裊娜，花明晴日錦斕斑，一春心事在眉尖。」又如〈柳梢青〉有句：「春風花柳齊開，只喚做、愁端恨媒。一片衷腸，十分好事，等待回來。」他不但寫景，而且言情，把「相思」嵌入詞中，強調情緒的震幅：「相思繞遍天涯路，相思不識行人處，多病怕逢春，那堪春正深。」又如：「人間闊，雁參差，相思唯有夢相知。」「簷鳴細雨，岑岑，滴破相思萬里心。」「西風淅淅，滿眼芙蓉紅欲滴，無限相思。」「綺窗撥斷琵琶索，一一相思，一一相思，無限柔情說似誰？」「相思纔信相思苦。」……像這些無限相思的小令，的確相當婉約雅致。

不過，竹齋的小令，也有幾闋是由衷有感而作的，自然流露了他對朝廷時局的感慨，顯得沉痛鬱悶，如這兩闋〈霜天曉角〉詠儀真江上夜泊：「……詩情吟未足，酒興斷還續。草草興亡休問，功名淚，欲盈掬。」又詠金山吞海亭：「長江千里，中有英雄淚。卻笑英雄自苦，興亡事，類如此。……」還有一闋〈清平樂〉詠江上重九：「……誰憐鬢影淒涼？新來更點吳霜。孤負萸囊菊琖，年年客裡重陽。」這些詞句，多麼沉郁淒愴！

他有三十餘闋長調（九十一個字以上），有些是與岳珂和韻的作品，岳珂是岳飛第三子岳霖之子，忠良之後，文武兼備，時任淮東總領制置使，黃機稱他「岳總幹」，這些詞中，既無花柳，亦乏鶯燕，所詠的都是悠關家國大事，人生遭遇，所以詞多悒鬱，語溢慼慨，《白雨齋詞話》中陳廷焯評得一點也不錯。

看他這闋〈六州歌頭〉次岳總幹韻：「將軍何日，去築受降城？三萬騎，貔貅虎，戮鯢鯨，洗滄溟。試上金山望，中原路，平於掌，百年事，心未語，淚先傾。若若纍纍，印綬偏安久，大義誰明？……」他是多麼期待光復失土，重整河山！對江北故園，懷念不已的心情，與岳珂唱和的詞語中表露無遺：「望家山何在？」「隱問君，短牆修竹，故園何處？」「長年為客，楚頭吳尾。」「世事翻雲覆雨，滿懷何止離憂？」「歸夢不知家遠近，飛帆正掛天西北。」「爭知道，向如今漂泊，望斷天涯。」「對面青山，招之不至，說與浮雲休苦遮。」偏安一隅，天涯遊子心情，只有向岳珂渲洩苦悶，尤其是這幾句：「綠鬢將軍思飲馬，黃頭奴子驚聞鶴。想中原、父老已心知，今非昨。……」說得是多麼悲戚傷心！

極目煙波萬頃愁——吳　潛

狀元詞人吳潛（一一九六—一二六二），字毅夫或毅甫，號履齋，安徽人，南宋寧宗嘉定十年（一二一七），二十二歲丁丑科狀元及第，仕途暢順，由地方官入京為參知政事，授右丞相兼樞密使，理宗開慶元年進封許國公，因與奸相賈似道不合，被奏謫潮州，再竄謫循州，那是嶺南最早設置的古代龍川縣。《續資治通鑑》卷一七六載：「壬辰，故丞相吳潛暴卒于循州。賈似道以黃州之事，必欲殺潛，乃使武人劉宗申守循以毒潛，潛鑿井臥榻下，毒無從入。」又《七修類稿正文》卷三十六載：「賈似道入相，令言官劾吳，安置循州，又令循守劉宗申毒死履齋。」景定三年（一二六二）五月，吳潛猝死，循州人咨嗟悲慟，一說是中毒而亡，一說是憂憤而終，總之，他的死與賈似道脫不了關係。

吳潛著有《許國公奏議》四卷、《履齋遺稿》四卷，中有《履齋詩餘》一卷，計二百五十五闋，收入《全宋詞》中，《花庵詞選》入選十三闋。明儒陳霆《渚山堂詞話》云：「史稱履齋為人豪邁，不肯附權要，然則固剛陽者，而『抖擻、悲涼』等句，似類其為人。」紀昀《四庫總目提要》亦言：「其詞則激昂淒勁兼而有之，在南宋不失為佳手。」這些評語，不夠深刻，實則履齋詞風蒼勁悽惻，愁時憂勢，典雅曠逸，自有曲徑，不愧是狀元詞客，情意纖穠，境界不俗。

履齋的詞，極富文學修養，用很簡潔的文字，把景象節氣、人情生態，描繪得聲色俱全，情景兼備，試看這些短句簡辭：

「雨霾風障，霧沉雲暝。」「落雁橫空，亂鴉投樹。」「野草淒迷，暮雲深黯。」「煙橫嶺曲，月浸溪灣。」「紅蘗將殘，綠荷初展。」「嵐煙水月，霧雲霏雨。」「杏落金丸，荷抽碧箭。」「色壓蒼林，香欺蘭畹。」「月澹風輕，霧晞煙細。」……類似這些描寫景物天象的佳句，新穎而優雅，前後對照，可圈可點。

再舉一些敘感的秀語：「蕭條楚塞，寂寞吳舟。」「行從水畔，唱過山前。」「三杯濁酒，一枕酣眠。」「新愁易積，舊歡難續。」「甕裡思量，隙中馳騖。」「暗蛩啾唧，征鴻嘹唳。」「陌上春歸，水邊人遠。」「百種淒涼，幾般煩惱。」「兩鬢秋風，百年人事。」「千門喜色，萬家和氣。」……

他還有一些有關人生哲思的句子，也穿插得相當出色，例如：「回首人間名利局，大都一覺黃粱夢。」「一杯渺渺懷今古，萬事悠悠付寒暑。」「耿耿有懷天可訊，悠悠此恨誰能說。」「歲月無多人易老，乾坤雖大愁難著。」「抖擻一春塵土債，悲涼萬古英雄迹。」「自有山中幽態度，誰知世上真顏色。」「老去可憐杯酒減，醉來謾把闌干拍。」……。

吳潛雖然狀元及第，位極人倫，但是眼看國事蹁躚，奸臣當道，與賈似道互不相容，因此一直想退出官場，卸下仔肩，從他五十歲以後的詞句中，不難看出他嚮往陶潛辭官退隱的期待。試看這些句子：

「安得便如彭澤去，不妨且作山翁酩。」「便使積官居鼎鼐，假饒累富堆金玉，似浮埃，抹電轉頭空，休迷局。」「須信人生歸去好，他鄉未必江山美。」「尋思，都徧了，功名竹帛，富貴貂蟬。但身為利鎖，心被名牽。爭似依山傍水，數椽外，二頃良田，無縈絆，炊粳釀秫，長是好花天。」他好羨慕漁樵耕作的生活，詞中多處提到二頃良田：「田二頃，非無粟；官四品，非無祿。更不知足後，待何時足？」「良田二頃，非村非郭枕柴扃。」「且東皋，田二頃，稻粱謀。」……

他用一闋〈水調歌頭〉回顧自己：「……從頭檢點身世，百事已圓成，及第曾攀龍首，仕官曾居鴟閣，衣錦更光榮。若又不知止，天道恐虧盈。借稱呼，遮俗眼，便歸耕。……」可惜他連這一點願望都做不到，賈似道還是不放過他。

東風又入江南岸——周　密

南宋文豪周密（一二三二—一二九八），字公謹，號草窗、蘋齋，又號四水潛夫、弁陽嘯翁，濟南望族，寓居吳興，理宗淳祐年間，三十歲左右曾仕義烏知縣，後為浙西帥司幕官，不久辭去，無意仕途，客遊南北，觀山賞水，吟詩賦詞，著作極豐，以《齊東野語》、《武林舊事》、《癸辛雜識》、《志雅堂雜鈔》等最廣為人知，另有《草窗詞》、《蘋洲漁笛譜》、《絕妙好詞》等集。與張炎、王沂孫、蔣捷，為宋末四大詞家，又與夢窗（吳文英）有宋代「詞家二窗」的美譽。

周家書香門第，三代積書達四萬兩千多卷，金石雕刻一千五百餘件，築有「書種堂」、「志雅堂」、「浩然齋」等藏書屋。周密除了遊山玩水之外，就是在藏書堂校讎典籍，博覽群書，故擅長詩、詞、書、畫、遊記、金石等，無所不精。

草窗的詞，清麗雅秀，雋永脫俗，敘情描景，吟風詠月，有令人讀之心往神馳，怡然入境之感。清儒周止庵云：「公謹敲金戛玉，嚼雪盥花，新妙無以為匹。」末句雖然有點過獎，但周密應受之無愧。

他賦有十闋〈木蘭花慢〉，吟詠西湖十景，可說是嘔心瀝血之作，據他在詞前序曰：「西湖十景尚矣，張成子嘗賦〈應天長〉十闋誇余曰：『是古今詞家未能道者。』余時年少氣銳，謂此人間景，余與子皆為人間人，子能道，余豈不能道耶？冥搜六日而詞成，成子驚賞敏妙。」他那十闋詞，幾經訂正，數月後定，因為每首均有一百零一字，屬於長調，無法全部介紹，只將每闋詞開端三句列舉如下：

〈蘇堤春曉〉：「恰芳菲夢醒，漾殘月，轉湘簾。」〈平湖秋月〉：「碧霄澄暮靄，引瓊駕，碾秋光。」〈斷橋殘雪〉：「覓梅花信息，擁吟袖，暮鞭寒。」〈雷峰落照〉：「塔輪分斷雨，倒霞影，漾新晴。」〈麴院風荷〉：「軟塵飛不到，過微雨，錦機張。」〈花港觀魚〉：「六橋春浪暖，漲桃雨，鱖初肥。」〈南屏晚鐘〉：「疏鐘敲暝色，正遠樹，綠愔愔。」〈柳浪聞鶯〉：「晴空搖翠浪，晝禽靜，霽煙收。」〈三潭印月〉：「遊船人散後，正蟾影，印寒湫。」〈兩峯插雲〉：「碧尖相對處，向煙外，挹遙岑。」……很少有詞客像周密這樣，把西湖十景，用詞押韻協律，描寫得有聲有色，形容得唯美唯妙。

欣賞周密的《草窗詞》，可以發現這位詞人之所以號曰草窗，大概是他書房的窗外，定然有一片芳草，春夏綠油油，秋冬黃澄澄，坐在窗口吟詩填詞，靈感難免不受窗外風光的影響，那景色反映了季節的更遞，使他深有所思，我們試閱其〈東風第一枝〉早春賦開頭幾句：「草夢初回，柳眠未起，新陰纔試花訊。雛鶯迎曉偎香，小蝶舞晴弄影。飛梭庭院，早已覺、日遲人靜。……」這些草、柳、花、鶯、蝶、人，從草窗所看到的客觀事物，導引出東風第一枝，何其自然！

東風，也就是春風，《禮記．月令》：「孟春之月，東風解凍。」周密特別喜歡東風，在他的詞集中，東風幾乎吹遍：「繡帳捲，東風傾國。」「東風吹動畫秋千。」「返魂誰染東風筆。」「東風緊，水邊疏影。」「恨開遲，不嫁東風。」「東風約，還在劉郎後。」「東風外，菲菲花絮零亂。」「裊裊綠窗殘夢斷，紅杏東風。」「東風吹雨過西樓。」「翠羅袖薄東風峭。」「東風吹玉滿閒庭。」「江潭楊柳幾東風。」「東風一枕游仙睡。」「護春簾幕東風裡。」「問東風幾番吹夢。」「砑牋紅，謾寫東風怨。」「東風空結丁香怨。」「燕鶯都是東風客。」「問東風，先到垂楊，後到梅花。」「淚眼東風，回首四橋煙草。」

「剪東風千縷碎雲。」「人與杏花俱醉，東風一路聞鶯。」……太多太多東風，例句舉不完。

《草窗詞》中，只要是敘描春夏景色，必定吹東風，偶爾也用春風；形容秋冬蕭颯，就用西風。當年王安石有「春風又綠江南岸」句，周密卻有「東風漸綠西湖柳」、「東風怨入江南」、「東風又入江南岸」，簡直是不讓王安石專美於前了。

空留離恨滿江南——王沂孫

宋末四大詞家之一的王沂孫（一二四〇—一二八九），字聖與，號碧山、中仙、玉笥山人，浙江人，經歷不詳，只知常與周密、張炎等文友唱和，著有《碧山樂府》，又名《花外集》，有六十八闋收入《全宋詞》，其中五闋不全。他不寫壽詞，多為詠物感時之作，尤其以花草、昆蟲、節令為主題，詠橄欖、櫻桃、榴花、水仙花、牡丹、海棠、苔梅、碧桃、紅梅、梅影、白蓮、紅葉、落葉、以及春水、春思、春寒、七夕、中秋、秋聲、秋思、新月、瑞雪、雪意……。

不過，別以為他詠的都是風花雪月，無關玄旨，其實詞中均隱含內心鬱結，只是藉景敘情，倚物渲慨，哀婉悽愴，寄托遙邃，因此遺詞運句，往往流於晦澀，必須仔細深入揣摩他的詞髓語氣，才會發覺他的動念。

清儒戈載（順卿）《宋七家詞選》云：「碧山詞運意高遠，吐韻妍和，其氣清，故無沾滯之音；其筆超，故有宕往之趣，是真白石之入室弟子也。」詞人張炎也在《瑣窗寒詞・序》云：「碧山能文工詞，琢語峭拔，有白石意度。」這兩位的評語都沒有錯，他的詞的確與姜夔的詞風語意差不多，讀之有如細嚼青橄欖。

清代四大詞家之一的王運鵬《花外集・跋》云：「碧山詞頡頏雙白，揖攘二窗，實為南宋之傑。」陳廷焯《白雨齋詞話》也說：「王碧山詞，品最高、味最厚、意境最深、力量最重，感時傷世之言，而出以纏綿忠愛，詩中之曹子建、杜子美也。」此二說對碧山詞捧之太高，顯屬過度揄揚之語。

不錯，碧山詞中，辭雕語琢，字磨句鍊，確是不同凡響，但是刻意引經據典，稽古探幽，往往令人難以消化領受，譬如其〈天香〉首句：「孤嶠蟠煙，層濤蛻月，驪宮夜採鉛水。」要瞭解這三句，須費一番工夫，光是鉛水二字，要是不知道唐代詩人李賀為漢孝武帝豎在京都捧盤承露的金銅仙人，被魏明帝下令拆運而吟的〈金銅仙人辭漢歌〉中，所云「憶君清淚如鉛水」。誰會知道那「鉛水」二字的涵義？碧山還三番兩次用這個「鉛」字：「晚寒佇立，記鉛輕黛淺。」「銅仙鉛淚如洗，歎攜盤去遠。」「灑征衣，鉛淚都滿。」……

那是亡國之痛的淚水。

他在詞中，不時湧起懷念家國喪亡之嘆，倍感淒涼：「記當年，獨據胡床，怎知道，是歲華換卻，處處堪傷。」「未須訝，東南倦客，掩鉛淚，看了又重看，故國吳天樹老，雨過風殘。」「故國如塵、故人如夢。」「曉霜初著青林，望中故國淒涼早。」「太液池猶在，淒涼處，何人重賦清景？」……當時宋亡元立，碧山懷念故國，筆下不時流露無限淒涼的心情，是以「淒涼」一詞，屢見不鮮。

「舊淒涼，向誰堪訴？」「但淒涼，秋苑斜陽，冷枝留醉舞。」「漢苑飄苔，秦陵墜葉，千古淒涼不盡。」「十州三島曾行處，離情幾番淒涼。」「正西窗淒涼，斷螢新雁。」「琵琶已是淒涼調。」「送淒涼，怕涼聲、又催秋暮。」「最難禁，向晚淒涼。」「縱疏花淡月，也只淒涼。」「況淒涼，近來離思。」「哀絃重聽，都是淒涼。」……太淒涼了，國家亡了，遺民有說不盡的淒涼，令人淒涼。

孤臣無力可回天，碧山是一個文弱書生，又有什麼能耐？唯一的方法，只有憑藉筆端渲洩鬱悶，再從夢中去捕捉往日情懷，因此他寫的詞，幾乎離不開「夢」字，六十四闋詞中，有二十五個夢，譬如：「溪上橫斜影淡，夢中落莫魂銷。」「湘夢斷，楚魂迷，金河秋雁飛。」

「要相見，除非待夢見。」「迢遞歸夢阻，正老耳難禁，病懷淒楚。」「謾重記、羅浮夢覺。」「當時無限舊事，歎繁華似夢。」「短夢深宮，向人猶自訴憔悴。」「望海山依約，時時夢想，素波千頃。」「繁華夢，如流水。」「孤夢繞滄浪。」……夢夢夢，碧山每闋詞中，都有夢，「歎黃州一夢，燕宮絕筆，無人解，看花意。」夢醒後，無限淒涼。

惜春休問花多少——張　炎

宋末詞人張炎（一二四八—一三二〇？），字叔夏，號玉田、樂笑翁，祖籍甘肅天水，南渡後落籍臨安，幼承家學，飽讀詩書，及長，與周密、王沂孫等文友交遊，詩詞唱和，終身不仕，詞作卓然成家，宋亡，身歷盛衰時局，落魄傷感，縱遊浪跡，詞風變得沉鬱蒼涼，悶悶寡歡，及老不知所終。

張玉田工長短句，尤擅長調，著有《詞源》二卷，《山中白雲詞》八卷，收入《全宋詞》有三百零五闋，其中有十五闋不全，《白香詞譜》錄其四闋，在宋末乃四大詞家之一，運筆遣詞，師事姜夔，造景設典，極似周密，紀昀《四庫提要》云：「炎生於淳祐戊申，當宋邦淪覆，年已三十有三，猶及見臨安全盛之日，故所作往往蒼涼激楚，即景抒情，備寫其身世盛衰之感，非徒以剪紅刻翠為工，至其研究聲律，尤得神解，以之接武姜夔，居然後勁。

宋元之間，亦可稱江東獨秀矣！」這幾句評語說得非常中肯。

詞家習慣筆法之一，就是受花間派的餘蔭，筆下花團錦簇，無詞不花，好像無花不成句，有花纔有詞，吟詠之時，滿腦子都充滿了殘紅落翠，花開花落。距張炎兩百多年前的張先（子野），被人說是「子野無詞不飛花」，而張炎居然也步武前人，「玉田無花不成詞」，在兩百多闋長短句中，竟用了一百三十多個花字，幾乎是闋闋花香，首首花殘。

可以這樣說，「花」是張炎填詞的必要原料，一個花字，可以變化無窮，運用自如，試看這些造詞：花密藏春、花梢淡月、寒花清事、隨花甃石、晴皎霜花、逢花須住、背花一笑、鬢改花羞、影搖花碎。草暗花深、花多迷徑、水流花淨、雨透花韡、雨過花皺、琪花采汞、百花洲畔……。

還有無數的花言花語：「醉裡不知花影別」、「流來恐是杏壇花」、「故人剪燭對花謳」、「漢上從來不見花」、「桃花扇底歌聲杳」、「花底鵷行無認處」、「記得對花曾被惱」、「掃除花徑歌聲趁」、「杏花零落水痕肥」、「梅花也趁東風笑」、「帶雨移花渾懶看」、「向陽瑤草帶花收」、「此花開後無花了」、「相思一夜梅花發」、「隔窗花氣暖扶春」、「如今却是看花病」、「花底鴛鴦深處影」、「近日花邊無舊雨」、「惜春休問花多少」……

在〈滿江紅〉、〈清平樂〉、〈瑤台聚八仙〉三闋詞中，都有「似花又卻似非花」的句子。

張炎用辭，還喜歡用「一」字，例如：一抹荒煙、一夜西風、一點新愁、一雪塵纓、一朵雲飛、一聲鶯喚、一汀鷗鷺、一枝借暖、一丘一壑、一番春減、一片淒涼、一犁清曉、一窗煙雨、一壺幽綠、一卷新詩、一林殘葉、一洗襟懷、一襟心事、一庭風月、一般意思、一棹春水、一霎晴暉、一嘯清秋、一轉花風、一寸閒心、一字無題處、一葉江心冷、一笑竟日難忘、一江風雨潮生、一簾鳩外雨、一剪靜中生意、一似白鷗閒、一生花裡活、一白受春知、一見又天涯、一語不談俗事、一串歌珠清潤、一色無尋秋處、一笛翠屏空、一瓢閒挂煙樹、一縷離恨難折、一掬幽懷難寫、一行柳陰吹暝、一水隱芙蓉、一自飄零去遠、一舸清風何處、一灣柳護水房春、一株古柳觀魚港、一春不是不尋春、一年春事二分花、一粒粟中生倒影、一從柯爛歸來後、一搦猶立門前雪、一杯清味佳賓共、一燈卻照清江外……，難計其數。

其中用得最多的是「一笑」，例如：一笑吳中、一笑人間、背花一笑、一笑難逢、一笑出門春老、一笑任傾倒、向白雲一笑、且怡然一笑、他時一笑、無端醉裡通一笑、向尊前一笑、一笑生涯如此、一笑月落江橫、翻被桃花一笑、一笑東風又急、一笑亂山橫碧、一笑寫入瑤琴、一笑元非捷徑、一笑竟日忘歸……。張炎詞中遍用這「一笑」二字，莫非是受了當代詩人元好問「出門一笑大江橫」詩句的感染？

少年聽雨歌樓上——蔣　捷

蔣捷，字勝欲，號竹山，宜興人，南宋度宗咸淳十年（一二七四）進士，時年三十歲，可知他是生於理宗淳祐五年（一二四五），至於何年亡故，則無史料，大致是活了五十多歲，因一二七六年宋亡元立，他遁跡江湖，沒沒以終，壽命肯定不會很長，不過他的《竹山詞》一卷，卻流傳千古，在《全宋詞》中收有九十三闋，《白香詞譜》錄入二闋，紀昀在《四庫提要》中云：「捷詞練字精深，音調諧暢，為倚聲家之榘矱。」榘矱也就是法度，標準之意，可見對其評價甚高。

這位詞人，自號竹山，令人會以為他是住在一片茂林修竹的山間，因以為號，其實不然，他在〈少年游〉詞中說：「楓林紅透晚煙青。客思滿鷗汀。二十年來，無家種竹，猶借竹為名。春風未了秋風到，老去萬緣輕。只把平生，閒吟閒詠，譜作櫂歌聲。」從詞中可以看出他的晚年生活，一定很困頓，但是他以竹山為號，可能是想藉修竹的虛心勁節，勗勉自己，砥礪節操，堅直不屈之意罷。

竹山的詞，要較玉田、碧山的作品流順舒暢，他很想跳出詞框，另闢蹊徑，可惜力有不逮，仍然翻不出五指山，離不開當代詞風，受到前人詩詞的影響，也難怪清儒周止庵會說：「竹山有俗骨，然思力沉透處，可以起儒。」

在他那九十餘闋詞中，流露出心中的愁與恨，亡國之痛，憶往思今，使他萬念俱滅，所以筆下不是帶恨就是閒愁：「寶箏絃斷盡，但萬縷，閒愁難撇。」「無歌無酒癡頑老，對愁影，翻嫌分曉。」「萬里江南吹簫恨，恨參差，白雁橫天杪。」「徧闌干外，萬頃魚天，未了予愁絕。」「恨殺河東獅子，驚回海底鷗。」「不鮮吹愁吹帽落，恨殺西風。」但是又說：「愁痕倚賴西風掃。」……這許多愁呀恨呀的字眼，充分顯示出作者內心苦悶的吶喊。

竹山有兩闋很奇特的詞：一闋是水龍吟，倣效辛稼軒體，以「些」字作韻腳，全詞用了十個些字，如云：「月滿兮、西廂些，叫雲兮、笛淒涼些……。」另一闋〈瑞鶴仙〉，以「也」字為押韻，全詞用了十三個也字，如云：「香風遞也，是東籬、花深處也……。」他想出奇制勝，立異標新，但是並不令人驚豔。

最廣為人傳，深入士心的一闋詞，是他的〈虞美人〉聽雨詞：

「少年聽雨歌樓上。紅燭昏羅帳。壯年聽雨客舟中。江闊雲低，斷雁叫西風。而今聽雨僧廬下。鬢已星星也。悲歡離合總無情。一任階前、點滴到天明。」

這闋詞，將人生少年、壯年、老年三個階段的聽雨空間和意境，刻畫出少年的風流浪漫、壯年的辛勤奔波、與老年的悽愴無奈，浮繪了人生悲歡離合的無情際遇，詞賅意深，字簡景現，尤其是那「一任階前，點滴到天明」二句，上了年紀的老人，最能體會得出那種心緒，真可稱是詞壇上難得一見的傑作。

歷來大多數詞人，筆端總是敘述清風明月，沾雲帶煙，至於描寫陰雨濛濛、急雨嘈嘈的並不多見，蔣捷卻與眾不同，在他那數十闋竹山詞中，竟很認真地把風雨的背景，領略的清調，一再鋪陳烘托，呈現出另一番境界，令人回味。

除了上述那闋聽雨詞完全以雨為軸之外，其他多闋詞作中也都有雨跡，例如：「三更夢斷敲荷雨，細聽來，疏點還歇。」「待歸時，葉底紅肥，細雨如塵。」「忽忽過、春是客。弄細雨，晝陰生寂。」「便一葦漁航，撐煙載雨，歸去伴寒鷺。」「奈雲溶溶、風淡淡、雨瀟瀟。」「絲絲楊柳絲絲雨，春在溟濛處。」「小飲微吟，殘燈斷雨。」「染柳煙消，敲菰雨斷。」「著些兒、春雨越好，春雨如絲，繡出花枝紅裊。」「總不道、江頭鎖清愁，正雨渺煙茫，翠陰如夢。」「浪遠微聽葭葉響，雨殘細數梧梢滴。」「豆雨聲來，中間夾帶風聲。」「歎晴乾不去，待雨淋頭。」……竹山真不愧是聽雨寫雨的高手，夜雨對他的感觸一定很深。

未到中年先老蒼——陳人傑

宋代詞客當中，壽命最短的一位，要算是陳人傑了。

陳人傑（一二一八——一二四三），字剛父，號龜峯，福州人，年輕氣盛，滿懷憂憤，自幼聰慧，博學多才，弱冠就出閩遊歷，履及兩淮，闖蕩江湖，返寓杭州，可惜懷才未遇，乏人拔擢，以致落宕病故，僅享年二十六歲。

他在短短的二十多年生命當中，寫下了三十一闋擲地有聲的古詞，而且全部都是填的「沁園春」，沒有一闋是用其他詞調，這「沁園春」每闋一百一十四字，屬於長調，起首三句都是四個字，第一二兩句句法相同，均為仄仄平平，第三句用平韻起頭，句中第三字必須用仄聲，是為拗句，第四、五句應為四字對句，而加一字豆，第七句四個字用葉韻，第八、九句又是四個字的對句，第十句是七個字，第十一句是三個字，應作平平仄，這是定格，……

據《萬樹詞律》所列，填詞的格律平仄音韵，非常嚴格，並不是可以隨便填寫的。

陳人傑的詞，人言之所以提出一談（乏人提及），是因為古今詞人當中，還找不出第二位畢生光填一個調名的作者來，推估他的生年，二十二歲就詠下〈庚子歲自壽〉詞，詞中已有懷才不遇，自艾自怨的語氣，如云：「果若人言，自應年少，曳紫鳴珂游帝鄉。何為者，更風塵牢落，歧路回皇。替人縫嫁衣裳，奈未遇良媒空自傷。……」可見當時他已經飽嚐人生炎涼，感嘆無人賞識他的才華了。

他二十三歲生日時自填〈辛丑歲自壽〉詞有言：「檜柏風姿，山林氣象，未到中年先老蒼。西湖路，儘留連光景，傲睨冰霜。……」好可憐，年紀輕輕的，如以現代青年來看，二十三歲大學剛剛畢業，怎麼會就有那股未老先蒼的思想呢？果不然，三年後他就飲恨而終了。

陳人傑的怨恨，在於報國無門，懷才不遇，詞中云：「……問諸將君恩酬未酬？恨書生浪說，皇王帝霸，功名已屬，韓岳張劉。不許請纓，猶堪草檄，誰肯種瓜歸故邱。……」恨只恨「未遇良媒空自傷」，以致有被遺珠埋珂之憾。他在一詞之前自序云：「予以為古今詞人抱負所有，妍媸長短，雖己自信，亦必當世名鉅為之印可，然後人信以傳。」詩詞靠名人鉅擘為之推薦宣揚，才能夠名噪望重，他舉唐人劉叉為例，其詩平平，唯有〈雪車〉、〈冰柱〉二篇被韓愈所欣賞，一日成名，譽滿文壇，因此他說：「今才士滿世，所負當不止叉如，然而奬掖後進，竟未有如韓公者。」這種感慨，使他在詞中大嘆：「不恨窮途，所恨吾生，不見古人。……嘆今人榮貴，只修邊幅，斯文寂寞，終欠宗盟。面蹉長江，目迷東野，卻笑韓公接後生。知音者，恨黃金難鑄，清淚如傾。」說得是多麼憤懣不平！

他對當時的政治氛圍，官場風氣，深感無奈，內心鬱抑，無處投訴，只有填詞發洩塊壘，渲抒幽恨，有一闋題為〈天問〉的詞，正如我們在無告無助時總會呼天搶地、怨天尤人的意思一樣，那也是陳人傑內心的吶喊，無奈的告白，這闋詞云：「我夢登天，盡把不平，問之化工。似桂花開日，秋高露冷；梅花開日，歲老霜濃。如此清標，依然香性，長在淒涼索寞中。何為者？只紛紛桃李，占斷春風？」這前半闋以花木為例，責問天公何以厚桃李而苛桂梅？後半闋以古人為例：「一時列鼎分封，豈猿臂將軍無寸功。想世間成敗，不關工拙，男兒濟否，只繫遭逢。天曰果然，事皆偶爾，鑿井得銅奴得翁。君歸去，但力行好事，休問窮通。」他舉猿臂將軍「李廣無封緣數奇」，說明人生遭逢的關鍵性，以漢代孝子龐儉鑿井挖得銅錢致富，買一老奴侍奉老母，那老奴竟是多年前失散的老父為例，最後三句是以老天的口氣回答為人之道，這闋詞詠得委婉、也很動人。

陳人傑的《龜峯詞》三十一闋「沁園春」，收在《全宋詞》卷五。

問世間情為何物——元好問

元好問（一一九○—一二五七），字裕之，自號遺山山人，後人稱為元遺山，山西人，他的祖先是鮮卑族，系出北魏的拓拔氏，是唐代詩人元結的後代，在當時是生在金國，五歲時過繼給叔父，遷居山東掖縣，七歲能詩，鄉里譽為神童。他有一首詩自述：「七歲入小學，十五學時文，二十學業成，隨計入咸秦。」但是諸事不遂，二十八歲時曾吟：「一寸名揚心已灰，十年長路夢初回。」一直到興定五年（一二二一），三十一歲才考上進士，踏入仕途，從縣令做到尚書省椽、員外郎，卻又碰上蒙古大兵壓境，金國敗亡，被蒙古人羈管二十三年，恢復自由後遊歷江淮，著作極豐，質量俱佳，有詩歌一千三百八十一首、長短句三百八十四闋、以及賦、散曲、散文、史書、小說等，被譽為金代宗匠、一代冠冕，文章獨步天下三十年。

元好問的詞，舒夢蘭《白香詞譜》入選一闋、唐圭璋收入《全金元詞》的有三百八十餘闋，其創作題材廣泛，文藻縱橫，詞風逼近蘇辛，崇尚自然，追求真忱，力陳樸質，既婉約纖穠，又豪放悲壯，他歌頌忠貞的愛情、哀悼殉情的悲劇、傾訴離情的痛苦，詞材包羅萬象，吟詠吊古、送別、射獵、邊塞、花木、感懷的概況，自許是「一語天然萬古新，豪華落盡見真淳」的境界。張炎在《詞源》中說他：「深於用事，精於煉句，風流蘊藉處，不減周秦。」也就是說他的詞，有些句子，並不輸給周邦彥和秦少游。

對於元好問的作品，一般讀者大概都記得「問世間情為何物，直教生死相許」這兩句，那是他在十六歲時所詠的一闋〈摸魚兒〉中的名句，他在原詞之前有一段序文，說那年他赴并州應試，渡過汾水，岸邊遇到一個捕雁的獵人，和他談起早上網到一隻雁，另一隻竟被脫網逃走，卻仍在上空盤旋悲鳴，突然投地自殺，宛似殉情而死。元好問聽了非常感動，便買下那隻死雁，在岸邊挖坑埋葬，纍石為坟，名曰「雁丘」，並吟詠〈摸魚兒〉一詞，表達哀思，那闋詞是：

「問世間，情是何物？直教生死相許。天南地北雙飛客，老翅幾番寒暑。歡樂趣。

離別苦，就中更有癡兒女。君應有語。渺萬里層雲，千山暮雪，隻影向誰去？

橫汾路。寂寞當年簫鼓。荒煙依舊平楚，招魂楚些何嗟及，山鬼暗啼風雨。天也妒。未信與、鶯兒燕子俱黃土。千秋萬古。為留待騷人，狂歌痛飲，來訪雁丘處。」

纔十六歲的少年，就能詠出這樣深沉感慨的詞篇，真是匪夷所思，尤其是他那由衷的善念，從殉情的雁鳥連想到世間為情所苦的癡兒怨女，這種成熟的思想，博愛的意緒，已經遠遠超出他的年齡，可見他從小就心懷慈善，悲天憫人，難怪後來曾經向蒙古籍中書令耶律楚材極力保薦友人，有五十四位中原名士，賴他保舉之下，在元朝得到身家的安全保障，還得到當時朝廷的任用。鄭振鐸在《中國文學史》中亦云：「遺山自金入元，雖以遺老自命，不仕新朝，但其勢力則籠罩於朝野的文壇。他且提拔南北在野的文人們，薦舉之於要人重臣之前，故元初的文學，可以說是由這個『金代大老』一手所提攜著的。」

元好問的詞，不但流露真誠，而且洞達世故，由於自身經歷亡國之痛，回天乏術，所以對人生的看法，有時顯得頗為消極，例如這闋〈玉漏遲〉：「……時自笑；虛名負我，半生吟嘯。擾擾馬足車塵，被歲月無情，暗消年少，鍾鼎山林，一事幾時曾了？四壁秋蟲夜雨，更一點、殘燈斜照。清鏡曉，白髮又添多少。」像這樣的詞句，既是自敘自唉，也是啟人勉人，在他的詩詞中，屢見不鮮。

在改朝換代，兵荒馬亂的時代，人命如草芥，而元好問居然能活到六十八歲，壽終正寢，可見他的為人、他的修養，都不簡單。

醉鄉天地無今古——張翥

張翥（一二八七—一三六八），字仲舉，號蛻巖，他的身世，《元史》中記載甚詳：「其父為吏，從征江南，調饒州安仁縣典史，又為杭州鈔庫副使。翥少時，負其才雋，豪放不羈，好蹴踘，喜音樂，不以家業屑其意，其父以為憂。翥一旦翻然改曰：『大人勿憂，今請易業矣！』乃謝客，閉門讀書，晝夜不暫輟，因受業於李存先生。李存家安仁，江東大儒也，其學傳於陸九淵氏，翥從之遊，道德性命之說，多所研究。未幾，留杭，又從仇遠先生學。仇遠於詩最高，翥學之，盡得其音律之奧，於是翥遂以詩文知名一時。已而薄遊維揚，居久之，學者及門徒甚眾。」從這段史料中，已窺悉張翥之出身矣！

有元一代，自世祖忽必烈即位於開平，一二七七年定都燕京算起，到一三六八年被明太祖朱元璋逐回蒙古為止，始末九十一年之中，出了二百一十二位詞人，留下三千七百二十一闋詞篇，其中以張翥、薩都剌、虞集、許有壬、張雨、倪瓚等人比較出名，而張翥乃是當中的姣姣者。

張翥生於元初，卒於元滅，幾與元代共始終，目睹元朝盛衰敗亡，難免感慨萬千，紀昀在《四庫全書提要》中云：「翥年八十二乃卒，上猶及見仇遠，傳其詩法，下猶及與張羽、倪瓚、顧阿瑛、郯九韶、危素諸人，與之唱和，以一身歷元之盛衰，故其詩多憂時傷亂之作，其詞乃婉麗風流，有南宋舊格。」確實如此，陳廷焯《白雨齋詞話》亦云：「張翥詞作，確乎深得白石（姜夔）妙處，清空騷雅，讀之令人神觀飛越，而比白石更為細密。」末句似乎有些牽強。

他寫的詞，在元代詞人的作品中，正合乎「蜀中無大將，廖化作先鋒」的邏輯，廣受褒獎誇飾，如清儒李佳《左庵詞話》云：「張翥蛻巖詞典雅溫潤，每闋皆首尾完善，詞意兼美，允稱元代一大家。」其實他的詞還不如他的詩寫得細膩深刻，也許是詞篇受到格律字句的約束，有時不得不東拉西扯，覓辭尋韻，反而鬆弛了結構，淡化了情調，忽略了現實。

譬如說，詞客總離不開風花雪月、醇酒美人、鶯啼燕呢、繡簾錦屏，這些固然是生活中的要素，但是你也吟我也詠，再雅致清秀的東西也會被說膩了，好像讀來讀去，總少不了那些老套。清儒梁紹王《兩般秋雨盦隨筆》中引厲鶚的話說：「張翥學於仇山村（遠）先生之門，故詩文俱有源本，而詞筆亦復俊雅不凡，足繼白石、梅溪、草窗、玉田之後。」這些前輩詞人的心血，都是類似度極高、脂粉氣很濃、花酒味甚嗆的作品，張翥自然也脫離不了那些氛圍。

有一種現象：不管詩人詞客自己能不能飲酒、酒量如何，好像都要用酒磨墨，筆尖都得沾酒帶醉，滲和詞中。試看張翥的作品，也是如此，絕大部分都要用上醇酒，如〈陌上花〉：「……滿羅衫是酒，香痕凝處，唾碧啼紅相半。……」又如〈摸魚兒〉：「……任狂客無腸，王孫有恨，莫放酒杯淺。……」又如另一闋〈摸魚兒〉：「……客懷不斷還家夢，只泥酒杯陶寫。孤館夜，甚濃醉，無人知道歸來也。……醉鄉天地無今古，爭得一襟蕭灑。……」又如〈蘭陵王〉：「……問酒家，負舊約。……」有時雖不直接言酒，卻繞個圈子，也要用相關的辭句代替，例如〈齊天樂〉：「……客裡相逢，尊前細數，幾度雨漂風泊，微吟緩酌。……」又如〈浣溪沙〉：「……不知離思為誰濃，醉語低回銀燭背。……」又如〈東風第一枝〉：「……叩門喜伴金樽，倚闌怕聽畫角。……」〈多麗〉：「憑高望極，且將樽酒慰飄零……。」

《白雨齋詞話》陳廷焯還這樣推崇張翥說：「仲舉詞，樹骨甚高，寓意亦遠，元詞之不亡者，賴有仲舉耳。」前兩句還算中肯切題，後兩句說得有點過分，未免太輕視其他兩百多位元代詞人了。

是非成敗轉頭空——楊　慎

「滾滾長江東逝水，浪花淘盡英雄，是非成敗轉頭空。青山依舊在，幾度夕陽紅。白髮漁樵江渚上，慣看秋月春風。一壺濁酒喜相逢，古今多少事，都付笑談中。」這闋〈臨江仙〉詞，是楊慎寫在他的著作《二十一史彈詞》中第三段「說秦漢」之前的開場詞，在清初毛宗崗修訂《三國演義》時，將該詞加在卷前，流傳遐邇，其實並不是原著羅貫中所作。

楊慎（一四八八—一五五九），字用修，號升庵，新都人，十一歲時就會吟詩，十二歲寫〈古戰場文〉、〈過秦論〉，有佳句「青樓斷紅粉之魂，白日照青苔之骨」，閱者皆驚羨不已。稍長，入京作〈黃葉詩〉，為當代大詩人李東陽所讚賞。二十三歲殿試第一，狀元及第，是史上第二位狀元詞人（**另一位是南宋吳潛**），也是明代三大才子之一（**另二**

位是徐渭、解縉），仕途無量，但因甲申年「議大禮」案，觸怒世宗皇帝，廷杖後謫戍雲南永昌，永不錄用，那時他才三十七歲，在雲南設館講學，遊歷考察，吟哦著作，傳播中華文化，融洽南疆苗傜，七十五歲病逝，邊民敬重，與觀世音菩薩、諸葛孔明視作三大偉人，崇敬膜拜。

楊慎與夫人黃娥，情感甚篤，當他遠謫雲南時，有一闋〈臨江仙〉別妻詞，淒婉感人：「楚塞巴山橫渡口，行人莫上江樓。征驂去棹兩悠悠，相看臨遠水，獨自上孤舟，卻羨多情沙上鳥，雙飛雙宿何洲？今宵明月為誰留，團圓清影好，偏照別離愁。」夫人黃娥也是一位才女，擅長散曲，曾有一詞〈羅江怨〉致楊慎：「青山隱隱遮，行人去也，羊腸鳥道幾回摺？雁聲不到，馬蹄又怯，惱人正是寒冬節。長空孤鳥滅，平蕪遠樹接，倚樓人冷闌干熱。」夫妻生離死別，有說不盡的悽楚，在當時，還不敢言明，只能含蓄隱約將心事滲釋在詞曲中。

《明史》云：「明世記誦之博，著述之富，推慎第一。」別的著作不去談它，光說他的《升庵長短句》就有三卷，讀來令人有清新綺麗，如渴飲泉之感，由於他閱歷廣博，讀書不輟，所以下筆雄偉，語氣豁達，即便是詠風吟月，也有一股深沉之氣，引人遐思，別的不說，僅以他在《二十一史彈詞》中所嵌的卷首與卷尾詞來看，就不難洞悉其內心的思路，與詞風的趨尚。

試看楊慎以一闋〈清平樂〉詞，敘述他對南北朝混亂局面的觀感：

「閒行閒坐，不必爭人我，百歲光陰彈指過，成得甚麼功果？昨日羯鼓摧花，今朝疎柳啼鴉，王謝堂前燕子，不知飛入誰家。」

歷史上南北兩朝共一百七十三年擾亂，中有五胡亂華、立有五涼、四燕、三秦、二趙、一夏、一蜀，共有十六個小國，夾在魏晉之間此亡彼興，迭立迭滅，殺來戳去，生靈塗炭，結果如何，有誰得知？連昔日王謝堂前的燕子，也不曉得該飛到那一家去築巢了，在楊慎看來，那都是多餘的、無用的、愚昧的爭奪。

再看他談前朝元史，有一闋〈西江月〉詞：

「山色消磨今古，水聲流盡年光，翻雲覆雨數興亡，回首一般模樣。清景好天良夜，賞心春暖花開。百年身世細思量，不及樽前席上。」

他把蒙古入侵中原稱帝九十二年看得多麼平淡無奇！在山色水聲中，說亡就亡了，勝者為王敗者為寇，歷來改朝換代，情形還不是都一樣？倒不如樽前席上，痛飲數杯。在楊慎心中，這些所謂英雄豪傑、明君聖主，都是「北邙無數荒丘」；成敗贏輸、興衰強弱，都是「一枕黃粱驚夢」，數千年龍爭虎鬥，都成為漁樵的話題，落得一場談笑，他的歷史觀，全部揭示在他的詞作中。

可憐的楊慎，終身貶謫雲南三十八年，有時還得藉酒裝瘋，胡粉傅面，雙髻插花，以消除朝廷對他的忌慮，也正因為時勢所逼，才能誕生一代文豪。

鍾情怕到相思路——朱彝尊

朱彝尊（一六二九—一七0九），字錫鬯，號竹垞，嘉興人，自幼聰明，好讀書，過目成誦，飽覽經史，擅長詩詞，生逢明末清初，戰亂蹉跎，曾為浙江名人楊建雍之西席，與時人詩詞唱和，頗有名氣，當時清廷殘暴，對文人士子橫加蹂躪，冤獄不斷，他不得不四處避禍，流浪冀魯江淮，以迄康熙十八年（一六七九）舉辦博學鴻詞科考試，他應試得中，與嚴繩孫、潘耒、李因篤為「四大布衣」中舉，授翰林院檢討，入史館纂修明史，當時他已五十一歲。

他著作很多，以曝書亭集、詞綜、明詩綜等書著名，和納蘭容若、陳維崧合稱清詞三大家。《四庫全書集部》云：「國朝朱彝尊，以布衣登閣館，一時名士，掉鞅文壇，時王士禎工詩而疎於文，汪琬工文而疎於詩，閻若璩、毛奇齡工於考證而詩文皆次乘，獨朱彝尊事事皆工，雖未必凌跨諸人，而兼有諸人之勝。核其著作，實不愧一代之詞宗。」從這一段評語，已替朱彝尊做了論定。

清代江東散人《折梅齋詞話》說：「竹垞詞得玉田（張炎）之髓，清初諸老，蘊藉當推竹垞。」他的住宅旁有一片竹林，因此從四十五歲起才自號「竹垞」。清儒陳廷焯《白雨齋詞話》對他頗有批評：「竹垞之詞，雅致幾欲出白石（姜夔）梅溪（史達祖）之右，然不得沉厚。」就是說他的詞還不夠沉郁深厚。

他的詞作頗豐，《白香詞譜》入選五闋。他有一闋〈解珮令〉自題詞集云：「十年磨劍，五陵結客，把平生涕淚都飄盡。老去填詞，一半是、空中傳恨，幾曾圍、燕釵蟬鬢。」這上半闋深有感慨，覺得自己很不得志；後半闋則更明白地「似訴生平不得意」，自認懷才不遇，心生怨嘆：「不師秦七（秦少游），不師黃九（黃庭堅），倚新聲，玉田差近。落拓江湖，且分付、歌筵紅粉，料封侯、白頭無分。」這半闋詞引起陳廷焯的批評：「竹垞云不師秦七，不師黃九，倚新聲，玉田差近。夫秦七黃九，豈可並稱？師玉田不師秦七，所以不能深厚，不知秦七，亦何能知玉田？彼所知者，玉田之表耳！師玉田而不師其沉鬱，是買櫝還珠也。」這幾句評語，一針見血，筆者深以為然。

竹垞的小令比長調好，他有一闋〈桂殿秋〉小令，被推崇為清代詞壇壓箱之作，原詞為：「思往事，渡江干。青蛾低映越山看，共眠一舸聽秋雨，小簟輕衾各自寒。」細品這闋詞，鋪情敘感，即景懷昔，音韻協律，平仄合格，最後一句返扣首句，確是渾圓無縫，蘊藉含蓄，但是有點浮光掠影，落花流水的意味，顯然沒有深度，不夠沉厚。

其實，竹垞的豔詞，填得相當出色，而且獨樹一幟，我們看他這闋〈城頭月〉：「別離偏比相逢易，眾裡休回避。喚坐回身，料是秋波，難制盈盈淚。酒闌空有相憐意，欲往愁無計。漏鼓三通，月底燈前，沒個商量地。」非常委婉蘊蓄地把一對情人離別時的情景氣氛，細膩地映現出來，這是他的拿手絕活。

例如另一闋〈慶春澤〉記恨後半闋：「……重來巳是朝雲散，悵明珠佩冷，紫玉煙沉。前度桃花，依然開滿江潯，鍾情怕到相思路。盼長堤草盡紅心，動愁吟，碧落黃泉，兩處誰尋？」另一闋〈摸魚子〉：「……攜玉手，潛行莫惹冰苔僕，芳心暗訴，認香霧鬟邊，好風衣上，分付斷魂語。雙棲燕，歲歲花時飛渡。……」再看另一闋〈換巢鸞鳳〉：「……書乍展，哽咽淚痕，猶自芳箋染。玉鏡妝臺，青蓮硯匣，定自沉吟千遍。解道臨行更開封，背人一縷香雲剪，知他別後，鳳釵攏鬢深淺？」

竹垞的豔詞，清新高潔，豔而不淫，纏而不膩，擅長描敘愛人別後相思之情，「障羞羅扇，花時猶託，者邊曾見，曲彔闌干，玲瓏窗户，也都尋徧。……」寫得多麼細膩！《白雨齋詞話》說他：「情詞俱臻絕頂，擺脫綺羅香澤之態，獨饒仙豔，自非仙才不能。」這幾句又把朱彝尊捧上天了。

多情自古原多病——納蘭性德

《人言詞話》要談的最後一位詞人，是清朝第一大詞家，滿族正黃旗納蘭性德（一六五五—一六八五），字容若，號楞伽山人，大臣「相國」明珠之子。自小聰慧，詩書騎射，一學就會，十八歲中舉人，二十二歲中進士，為康熙帝所青睞，授御前侍衛之職。他在二十歲時，娶了兩廣總督盧興祖的十八歲女兒為妻，感情融洽，恩愛逾恆，不幸在三年後死於難產，給他很大的打擊，後來雖然再娶官氏、又有側室顏氏，外戀江南才女沈宛，但是在情感上，始終忘不了盧氏。

納蘭二十四歲時就已經寫了不少詞，而且結集成冊，初名《側帽集》，後來再版更名《飲水集》，共收三百四十二闋。可惜天妒英才，才三十一歲就染患傷寒而死，如果讓他活到六十歲，不知道會再誕生多少闋佳作。

納蘭容若是滿族人，入關後受大漢文化的薰陶，吸吮甚深，加以結交漢族名士，詩詞唱和，所以鍾情詞作，樂此不疲，所填詞篇，清新雅麗，又因悼念愛妻，詞多哀婉淒美，獨樹一幟，在詞壇上迎風招展。王國維《人間詞話》云：「納蘭容若以自然之眼觀物，以自然之舌言情，此初入中原未染漢人風氣，故能真切如此，北宋以來，一人而已。」所云確是不差。

納蘭三百多闋詞篇中，大多數以「情」為軸心，環繞著不盡的愁恨、相思、別淚、幽夢、斷腸、淒涼、憔悴……的心緒，陪襯以無窮的西風、夜雨、梨花、鶯燕、柳絮、衰草……的環境，組合凝聚而成納蘭氏特有的詞風。

前人也有哀情淒婉的詞作，如李煜、柳永、晏殊、秦觀…等人，但是他們有的是情在家國，有的是情寄青樓，不像納蘭的愛情如此執著，如此專注，他對亡妻盧氏的鍾情摯愛，用詞篇悼亡，以虔語追憶，觸景生情，睹物懷思，可謂之刻骨銘心、鏤肝雕肺，真是到了令人為之一掬同情之淚的程度。

試看他這闋〈沁園春〉前半片：「瞬息浮生，薄命如斯，低徊怎忘。記繡榻閒時，并吹紅雨；雕闌曲處，同倚斜陽。夢好難留，詩殘莫續，贏得更深哭一場。遺容在，只靈飆一轉，未許端詳。……」他在這闋詞前有序云：「丁巳重陽前三日，夢亡婦淡妝素服，執手哽咽，語多不復能記，但臨別有云：『銜恨願為天上月，年年猶得向郎圓。』婦素未工詩，不知何以得此也，覺後感賦長調。」

另一闋〈青衫濕遍〉前半片云：「青衫濕遍，凭伊慰我，忍便相忘。半月前頭扶病，剪刀聲，猶在銀缸。憶生來、小膽怯空房。到而今、獨伴梨花影，冷冥冥，盡意淒涼。願指魂兮識路，教尋夢也回廊。……」真是情深意濃，詞真語摯。

他在詞中對於「情」字有多重的詮釋：「終古閒情歸落照，一春幽夢逐遊絲。」「多情終古似無情，莫向醉耶醒。」「人到情多情轉薄，而今真個不多情。」「薄情轉是多情累，曲曲柔腸碎。」「一往情深深幾許？深山夕照深秋雨。」「無奈鍾情容易絕。」「為怕多情，不作憐花句。」「天將愁味釀多情。」「多情不是偏多別，別離只為多情設。」「淚咽卻無聲，只向從前悔薄情。」「除向東風訴此情，奈竟日春無語。」「獨睡起來情悄悄，寄愁何處好？」……他有千樣情，萬般愁，在納蘭詞中，幾乎都瀰漫在一片情雲愁霧之中。

可憐的納蘭性德，出身貴胄，儀表堂堂，學富才高，官運亨通，筆下生花，無奈造化弄人，在愛情上遭受挫折，更在健康上蒙受摧殘，情魔與病魔連袂進犯，使得一個文武全才的一等御前侍衛，才三十一歲就與世長辭，看他病中的呢喃，令人惋惜：「朔風吹透青縑被，藥爐火暖初沸。」「病容扶起月明中，惹得一絲殘篆舊薰籠。」「人說病宜隨月減，懨懨卻與春同。」「曾記年年三月病，而今病向深秋。」「藥爐烟裡，支枕聽河流。」……一代詞人，就這樣被病魔擄走。

吳東權已出版書目

1. 玉骨冰心——中篇小說（皇冠出版社）一九六一
2. 三人行——中篇小說（新中國出版社）一九六六
3. 橄欖林——短篇小說集（臺灣商務印書館）一九六七
4. 高處不勝寒——長篇小說（宏業書局）一九六七
5. 碧血黃沙——長篇小說（宏業書局）一九六七
6. 老虎崖——長篇小說（宏業書局）一九六七
7. 死狼峽——長篇小說（正中書局）一九六七
8. 十步橋——短篇小說集（水牛出版社）一九六八
9. 看不見的雨絲——短篇小說集（博愛出版社）一九六八

10. 喜上眉梢——短篇小說集（新中國出版社）一九六八
11. 月破黃昏——長篇小說（哲志出版社）一九六八
12. 颱風草——短篇小說集（立志出版社）一九六八
13. 蝶戀花——長篇小說（哲志出版社）一九六九
14. 白玉蘭——長篇小說（哲志出版社）一九六九
15. 玉蝴蝶——短篇小說集（明山書局）一九七〇
16. 九孔橋——長篇小說（立志出版社）一九七一
17. 一翦梅——長篇小說（學生書局）一九七二
18. 四季春——長篇小說（華欣出版社）一九七四
19. 又見筧橋——散文集（這一代出版社）一九七七
20. 吳東權自選集——短篇小說集（黎明出版社）一九七七
21. 人言小品——小品文集（水芙蓉出版社）一九七八
22. 電影與傳播——論述集（黎明出版社）一九七九
23. 離巢燕——短篇小說集（文化大學出版部）一九八〇

24. 燕離巢──短篇小說集（黎明出版社）一九八一
25. 中國聲光傳播媒介溯源──論述集（這一代出版社）一九八二
26. 浩氣英風：史堅如傳──傳記小說（近代中國出版社）一九八三
27. 拆箭為盟──長篇歷史小說（采風出版社）一九八四
28. 電影──論述集（允晨文化公司）一九八四
29. 螢光幕後──論述集（文化建設委員會）一九八六
30. 百鳳朝陽──長篇小說（黎明文化公司）一九八七
31. 中國傳播媒介發源史──論述集（中視文化公司）一九八八
32. 畫祭──短篇小說集（仁愛出版社）一九八八
33. 先秦的口語傳播──論述集（文化建設委員會）一九九一
34. 百感交集──散文集（黎明文化公司）一九九二
35. 高志航傳──傳記小說（希代出版社）一九九三
36. 退休生涯規劃──銀髮文學（龍吟文化公司）一九九三
37. 文學境界──論述集（躍昇文化公司）一九九四

38. 陸皓東傳——傳記小說（雨墨文化公司）一九九四
39. 牽手銀髮行——銀髮文學（世界書局）一九九五
40. 銀髮魅力——銀髮文學（黎明文化公司）一九九七
41. 越老活得越好——銀髮文學（希代書版公司）一九九九
42. 開創美好退休生活——散文集（希代書版公司）一九九九
43. 知福惜福——散文集（元氣齋出版社）一九九九
44. 婚變基因——論述集（黎明文化公司）二〇〇一
45. 千言萬語——散文集（黎明文化公司）二〇〇二
46. 郵童六憶——散文集（黎明文化公司）二〇〇四
47. 越長壽越快樂——銀髮文學（高寶國際公司）二〇〇五
48. 綵筆紅顏——散文集（臺灣商務印書館）二〇〇七
49. 絕代紅妝——散文集（臺灣商務印書館）二〇〇七
50. 行前準備——銀髮文學（爾雅出版社）二〇〇八
51. 心流感——散文集（臺灣商務印書館）二〇〇九

52. 銀髮歲月情趣多——銀髮文學（黎明文化公司）二〇一〇
53. 探情索愛——散文集（黎明文化公司）二〇一一
54. 娘在兒不老——短篇小說集（米樂文化國際公司）二〇一二
55. 人間百態——散文集（黎明文化公司）二〇一三
56. 人言詩話——散文集（臺灣商務印書館）二〇一三
57. 人生百忍——散文集（黎明文化公司）二〇一四
58. 九十九墩——短篇小說集（勒巴克公司）二〇一四
59. 人性百善——散文集（黎明文化公司）二〇一五
60. 人言詞話——散文集（臺灣商務印書館）二〇一六

人言詞話：賞析古代中國六十位宋詞名家 ／ 吳東權 著.
-- 初版. -- 新北市：臺灣商務，2016.04
面 ； 公分. --（新萬有文庫）

ISBN 978-957-05-3038-4（平裝）

1.作家 2.傳記 3.中國文學

782.24 105002447

新萬有文庫

人言詞話

賞析古代中國六十位宋詞名家

作者◆吳東權
發行人◆王春申
編輯指導◆林明昌
營業部兼任 編輯部經理◆高珊
責任編輯◆徐平
封面設計◆吳郁婷

出版發行：臺灣商務印書館股份有限公司
23150新北市新店區復興路四十三號八樓
電話：(02)8667-3712 傳真：(02)8667-3709
讀者服務專線：0800056196
郵撥：0000165-1
E-mail：ecptw@cptw.com.tw
網路書店網址：www.cptw.com.tw
網路書店臉書：facebook.com.tw/ecptwdoing
臉書：facebook.com.tw/ecptw
部落格：blog.yam.com/ecptw

局版北市業字第993號
初版一刷：2016 年 4 月
定價：新台幣 280 元

ISBN 978-957-05-3038-4

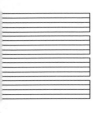

讀者回函卡

感謝您對本館的支持，為加強對您的服務，請填妥此卡，免付郵資寄回，可隨時收到本館最新出版訊息，及享受各種優惠。

- 姓名：＿＿＿＿＿＿＿＿＿＿ 性別：☐ 男 ☐ 女
- 出生日期：＿＿＿＿年＿＿＿＿月＿＿＿＿日
- 職業：☐學生 ☐公務(含軍警）☐家管 ☐服務 ☐金融 ☐製造 ☐資訊 ☐大眾傳播 ☐自由業 ☐農漁牧 ☐退休 ☐其他
- 學歷：☐高中以下（含高中）☐大專 ☐研究所（含以上）
- 地址：＿＿＿＿＿＿＿＿＿＿＿＿＿＿＿＿＿＿＿＿
- 電話：(H) ＿＿＿＿＿＿＿＿ (O) ＿＿＿＿＿＿＿＿
- E-mail：＿＿＿＿＿＿＿＿＿＿＿＿＿＿＿＿
- 購買書名：＿＿＿＿＿＿＿＿＿＿＿＿＿＿＿
- 您從何處得知本書？

  ☐網路 ☐DM廣告 ☐報紙廣告 ☐報紙專欄 ☐傳單

  ☐書店 ☐親友介紹 ☐電視廣播 ☐雜誌廣告 ☐其他
- 您喜歡閱讀哪一類別的書籍？

  ☐哲學・宗教 ☐藝術・心靈 ☐人文・科普 ☐商業・投資

  ☐社會・文化 ☐親子・學習 ☐生活・休閒 ☐醫學・養生

  ☐文學・小說 ☐歷史・傳記
- 您對本書的意見？（A/滿意 B/尚可 C/須改進）

  內容＿＿＿＿ 編輯＿＿＿＿ 校對＿＿＿＿ 翻譯＿＿＿＿

  封面設計＿＿＿＿ 價格＿＿＿＿ 其他＿＿＿＿
- 您的建議：＿＿＿＿＿＿＿＿＿＿＿＿＿＿＿

※ 歡迎您隨時至本館網路書店發表書評及留下任何意見

臺灣商務印書館 The Commercial Press, Ltd.

23150新北市新店區復興路43號8樓 電話：(02)8667-3712

讀者服務專線：0800-056196 傳真：(02)8667-3709

郵撥：0000165-1號 E-mail：ecptw@cptw.com.tw

網路書店網址：www.cptw.com.tw 網路書店臉書：facebook.com.tw/ecptwdoing

臉書：facebook.com.tw/ecptw 部落格：blog.yam.com/ecptw